LE CAPITALISME
DU XXIᵉ SIÈCLE

Robert Heilbroner

LE CAPITALISME
DU XXIe SIÈCLE

traduit de l'anglais
par Michel Buttiens

l'essentiel

BELLARMIN

Données de catalogage avant publication

Heilbroner, Robert
Le capitalisme du XXIe siècle
(L'Essentiel)
Traduction de: Twenty-first Century Capitalism
Comprend des réf. bibliogr.

ISBN 2-89007-756-X

1. Capitalisme.
2. Vingt-et-unième siècle – Prévisions.
I. Titre. II. Collection: Essentiel (Bellarmin).

HB501.H398314 1993 330.12'2 C93-097132-9

Dépôt légal: 4e trimestre 1993
Bibliothèque nationale du Québec
Titre original: Twenty-first Century Capitalism
© 1992 by Robert Heilbroner
© Éditions Bellarmin, 1993

Les Éditions Bellarmin bénéficient de l'appui du Conseil des Arts du Canada
et du ministère de la Culture du Québec

REMERCIEMENTS

Ces pages ont été écrites dans le cadre des Conférences Massey, que j'ai eu le grand plaisir de prononcer à l'automne 1992. Je désire exprimer toute ma reconnaissance envers le réseau anglais de Radio-Canada et le Massey College pour m'avoir donné l'occasion d'exprimer ma pensée à ce sujet. Je souhaite également souligner le soutien et l'apport de mon grand ami Peter L. Bernstein et de mon vénéré collègue William Milberg, dont les critiques m'ont été des plus utiles.

Cet ouvrage est basé sur les conférences diffusées en novembre 1992 sous le titre *Twenty-first Century Capitalism*, dans le cadre de la série *Ideas* du réseau anglais de Radio-Canada. Bernie Lucht a assuré la réalisation de la série d'émissions.

Pour Sammy,
lorsqu'il sera un peu plus grand

L'Histoire n'enseigne pas, mais elle punit de ne rien avoir appris de ses leçons.

Vladimir KLIUCHESKY

1

LE CAPITALISME
VU AVEC UN CERTAIN RECUL

I

Le capitalisme. Ce terme désigne le système économique qui règne actuellement sur le monde. La question fondamentale que nous posons dans ces pages est la suivante: faut-il s'attendre à ce que cette domination se poursuive au XXIe siècle? Cette question pourrait donner l'impression que je m'apprête à en faire de remarquables prédictions. Il me faut pourtant préciser, au grand dépit ou à l'immense soulagement de mes lecteurs, que là n'est pas mon intention. Au cours des années soixante-dix, j'ai pu discuter de l'aptitude des économistes, au cours des vingt et quelques années précédentes, à prévoir de grands événements comme l'avènement des firmes multinationales, l'accession du Japon au rang de puissance économique mondiale et l'émergence de l'inflation comme problème chronique commun aux pays industrialisés. Les économistes n'avaient prédit aucun de ces bouleversements[1]. Dernièrement, le monde a connu un certain nombre de perturbations du même genre, par exemple la baisse de productivité de toutes les puissances occidentales au début des années soixante-dix ou le déclin des États-Unis en tant que chef de file de l'économie mondiale. De quelle clairvoyance ont fait preuve les grands instituts de recherche, en dépit de leur examen continuel des tendances? D'aucune, en fait. Enfin, le monde a sans doute connu le plus grand virage économique de l'histoire moderne: l'effondrement de l'économie soviétique. À ma connaissance, aucun organisme spécialisé en économie, y compris ceux qui sont proches des services gouvernementaux de renseignements, n'avait prévu une telle débâcle.

Je ne serai donc pas insensé au point de vouloir mener à bien une entreprise que tant de personnes ont tentée sans succès, celle de prédire l'avenir de l'organisation sociale qui est actuellement la nôtre. Comment alors

---

1. Robert HEILBRONER, «The Clouded Crystal Ball», dans *Papers and Proceedings*, American Economic Association, mai 1974.

aborder le thème du capitalisme au XXIe siècle? Je compte y parvenir en étudiant ses perspectives d'un point de vue que je décrirai comme une perception orientée vers l'avenir. Comme nous pourrons le constater, cette démarche n'a rien à voir avec la perspective prévisionnelle. Je m'explique. Supposons, par exemple, que nous observions avec un regard neuf l'éventail des systèmes capitalistes actuels en adoptant un point de vue que nous n'avons pas encore précisé. Quelque chose d'inusité frapperait immédiatement notre imagination, que nous n'aurions sans doute pas perçu si nous avions cherché à prédire quels pays seront les chefs de file et lesquels seront les canards boiteux en l'an 2025. Il s'agit du fait extraordinaire qu'en dépit de différences de coutumes et d'habitudes, en dépit de divergences d'opinions sur nombre d'objectifs et de moyens politiques, en dépit de différences jusque dans le sens de l'humour ou même le sens civique, Japonais, Suédois, Américains, Canadiens et même Français, Allemands, Anglais et Italiens parviennent à faire des affaires les uns avec les autres. Compte tenu de ces différences fondamentales, il est, en effet, étonnant que tous puissent mener à bien une tâche aussi importante, aussi exigeante et aussi complexe, en faisant montre d'une même compréhension des enjeux. Ils parviennent à effectuer des transactions et à participer à des négociations ou à des conférences en tant qu'individus qui témoignent d'une convergence de vues sur au moins un des aspects de la vie: le mode d'organisation de la vie économique.

En envisageant le capitalisme de ce point de vue inhabituel, nous posons donc un regard sur l'avenir qui diffère d'une perspective fondée sur un seul pays, quel que soit notre niveau de connaissance de ce pays. Où réside la différence? Dans le fait que nous commençons à percevoir le capitalisme comme un système qui présente une même orientation fondamentale dans toutes ses manifestations nationales. Et il nous faut d'abord prendre conscience de cette orientation fondamentale avant d'espérer découvrir la logique qui se dissimule derrière les choses — une logique grâce à laquelle nous pourrons entrevoir le capitalisme au XXIe siècle d'une façon qui s'applique aussi bien aux Canadiens qu'aux Américains, aux Suédois et aux Japonais. Les prévisions que nous établissons tous, comme les espoirs et les craintes que nous nourrissons tous, ne seront pas nécessairement plus précises si elles se fondent sur une telle perception du capitalisme. Par contre, ces prévisions risqueront moins d'être fausses ou biaisées pour avoir négligé de tenir compte des exigences des systèmes capitalistes pris collectivement et, par conséquent, individuellement aussi.

Si nous nous efforçons de nous situer, il devrait être plus facile d'essayer de prévoir l'orientation économique que prendra la société du XXIe siècle tout en demeurant capitaliste; il sera également plus facile de percevoir la situation de notre propre pays à l'intérieur de ces limites du possible. Nous serons peut-être même capables de faire un effort d'imagination jusqu'à évoquer ce à quoi pourrait ressembler la vie au-delà de ces frontières, là où le capitalisme ne constituerait plus le fondement de la vie économique.

II

Avant de nous engager dans un tel exercice d'imagination, il nous faut cependant effectuer une étude préliminaire qui nous permettra de nous familiariser avec l'aspect que présente le capitalisme vu dans la perspective que nous avons adoptée et qui en assure une vision d'ensemble. Pour y parvenir, je vous propose de jeter un coup d'œil sur une région du monde que l'on ne peut assurément pas considérer comme capitaliste, puis de nous poser à son sujet une question des plus curieuses. J'ai choisi la société des !Kung[*] — les Bochimans qui peuplent le désert du Kalahari, en Afrique australe, que nous visitons au moment où Gai, un chasseur bochiman, vient de tuer une antilope à l'aide d'un flèche bien placée et s'apprête à diviser sa proie.

---

[*] Le point d'exclamation représente le «clic» caractéristique de la langue de ce peuple.

L'anthropologue Elizabeth Marshall Thomas[2] a décrit la scène dans un récit devenu classique sur le peuple !Kung:

> Gai conserva les deux pattes arrière et une des pattes avant, tandis que Tsetchwe recevait une partie des côtes, Ukwane, l'autre patte avant, sa femme, un des jarrets et l'estomac, et les jeunes gens, certaines sections des intestins. Twikwe eut droit à la tête et Dasina au pis.
>
> Les règles qui président au découpage du gibier chez les Bochimans peuvent paraître totalement injustes, mais c'est leur coutume et, au bout du compte, tous et toutes consomment des parts équivalentes. Ce jour-là, Ukwane remit un morceau à Gai parce qu'ils étaient parents. Celui-ci donna un peu de viande à Dasina, qui était sa belle-sœur [...] Bien entendu, personne ne contestait la part de Gai puisque c'est lui qui avait abattu le gibier et que, selon leurs règles, il avait droit à une portion substantielle. Personne ne doutait du fait qu'il la partagerait avec les autres; avec raison d'ailleurs, puisque c'est ce qu'il fit[3].

---

2. Elizabeth MARSHALL THOMAS, *The Harmless People*, New York, Vintage, 1958.

3. THOMAS, p. 49-50. (Traduction libre)

Venons-en maintenant à la question que je soulevais tout à l'heure: *est-il nécessaire de posséder des notions d'économie pour saisir la situation?* Bien sûr, il faut avoir assimilé un certain nombre de connaissances sur la culture des !Kung — leurs coutumes, leurs croyances, la structure de leurs relations familiales et autres éléments similaires. Mais des notions d'économie politique? Peut-être qu'en inversant la situation, la question vous paraîtra moins étrange. Supposons qu'un groupe de !Kung organise un voyage à Toronto, Paris, New York ou ailleurs, en compagnie d'un anthropologue de leurs amis. Des connaissances en science économique seront-elles indispensables pour comprendre ce qu'ils verront en ces lieux étranges?

Cette fois-ci, la réponse ne laisse pas planer le moindre doute. Vous conviendrez avec moi, j'en suis persuadé, qu'il faut posséder certaines notions de science économique pour comprendre le mode de vie des habitants d'une grande ville occidentale — je ne fais pas référence au contenu des manuels scolaires, pas plus qu'à la capacité à comprendre les pages financières des journaux, encore moins la une des quotidiens. Je veux dire par là qu'il faut posséder une idée générale de la signification du «travail» et du droit qu'il confère à une rémunération, ou avoir l'habitude d'utiliser des disques métalliques et des rectangles de papier qu'on appelle «l'argent», ou encore avoir une vague idée de la raison pour laquelle le nombre de disques métalliques et de rectangles de papier nécessaires à l'acquisition d'un même objet varie d'un jour à l'autre. Toutes ces notions extrêmement courantes sembleraient totalement mystérieuses aux yeux de quiconque proviendrait d'une société primitive. Il ne s'accomplit pas de «travail» chez les !Kung, quoique, évidemment, le labeur y soit fort répandu, car le travail implique des dispositions juridiques et sociales complexes qui sont totalement absentes des cultures primitives[4]; l'argent y est inconnu, de même que la notion de prix. À ce niveau fondamental, donc, il est aussi peu utile de connaître la science économique pour comprendre la manière dont on vit dans le Kalahari qu'il est essentiel de la maîtriser pour vivre à Toronto ou à New York.

Notre étrange question nous entraîne peu à peu au cœur de notre étude de la nature du capitalisme. Comment se fait-il que «la science économique» n'existe pas dans la société !Kung alors qu'elle pénètre tous les aspects de la vie dans les pays occidentaux? La réponse à cette question ne saurait être que les habitants du Kalahari n'ont pas développé tout l'éventail des activités économiques qui constituent le fondement d'une société moderne, quoique à un niveau technologique beaucoup plus simple. Les sociétés primitives accomplissent les tâches qui sont essentielles

---

4. Voir Robert HEILBRONER, «The World of Work», dans *Behind the Veil of Economics*, New York, Norton, 1988.

à leur subsistance et à leur continuité, comme le font les sociétés plus avancées. Les !Kung voient à leur propre entretien, approvisionnent leur ménage, se construisent un abri et le maintiennent en bon état, se fabriquent des outils et des instruments et entreprennent de longs et pénibles voyages. Si nous soutenons qu'il n'existe, dans le désert du Kalahari, aucune science économique perceptible, cela n'implique pas que les sociétés avancées s'acquittent de tâches essentielles qui sont absentes chez leurs lointains précurseurs.

Afin de saisir pourquoi il est parfois nécessaire — et parfois non nécessaire — d'avoir des notions de science économique pour comprendre la société, il nous faut entreprendre un nouveau voyage imaginaire. Ce dernier consiste, cette fois, à feuilleter un immense atlas historique décrivant les milliers de sociétés différentes qu'il est possible d'identifier dans l'histoire de l'humanité et qui, toutes, ont dû faire face aux problèmes de production et de distribution des ressources nécessaires à leur survie. Dans cet atlas, les rares sociétés dans lesquelles nous reconnaissons les caractéristiques particulières du capitalisme sont regroupées aux dernières pages du livre. Ces sociétés — il faut l'admettre — ont étendu leur influence au monde entier ou presque, et elles nous offrent enfin la possibilité de découvrir les propriétés exclusives au capitalisme que nous recherchons.

III

Il est intéressant de parcourir cet atlas historique pour deux raisons. Nous sommes d'abord impressionnés par l'extraordinaire éventail de moyens auxquels les collectivités humaines ont eu recours pour résoudre ce que nous pourrions appeler le Problème économique. On ne connaît pas deux sociétés qui aient mis en œuvre exactement les mêmes moyens pour arriver à mobiliser leur main-d'œuvre et à canaliser l'énergie de celle-ci ou pour assurer la distribution de leurs produits. Il existe de nombreuses façons de cultiver la terre, de filer la laine, de construire des habitations et de faire la guerre. Et il existe des différences tout aussi marquées dans le mode de sélection des personnes qui s'occuperont de la chasse et de la cueillette et de celles qui en seront exemptées — le sexe, la famille, la race, le châtiment, l'ambition, etc. On note des écarts considérables dans les rations distribuées aux différents membres et aux différentes catégories de membres d'une société, et des écarts aussi importants quant aux explications fournies pour justifier l'écart séparant les favorisés des défavorisés.

Le deuxième aspect intéressant que présente l'atlas des sociétés est diamétralement opposé au premier. Il ne s'agit plus de la variété mais bien du nombre incroyablement restreint de solutions globales apportées au problème de la subsistance d'une société. À cet égard, en dépit du nombre de sociétés qu'il recense, l'atlas ne comporte que trois grandes catégories. Les Bochimans du Kalahari, dont il a déjà été question, appartiennent à la première catégorie. Comment la société !Kung — et, avec elle, l'immense majorité des sociétés humaines dont l'histoire a gardé la trace — résoud-elle le problème de production de nourriture et des autres nécessités de la vie, et comment en assure-t-elle la distribution pour faire en sorte que cet effort social puisse se poursuivre?

Il suffit de les observer pour s'apercevoir que, dès leur plus tendre enfance, les !Kung apprennent, au cours des expéditions de chasse ou de cueillette avec les aînés, les techniques dont ils auront besoin et les rôles qu'ils auront à jouer. La tâche essentielle de formation de la main-d'œuvre fait donc partie du processus de socialisation auquel tout être humain doit se soumettre s'il désire se faire accepter dans sa collectivité. Dans les sociétés primitives comme celle des !Kung, le principe qui fonde la socialisation est l'obéissance aux traditions ancestrales; c'est pourquoi on parle d'économie traditionnelle pour désigner ce type d'organisation de la production et de la distribution.

Il vaut la peine de faire une remarque au sujet de cette manière d'envisager la question économique, qui est la plus ancienne, la plus durable et, peut-être, en fin de compte, celle qui assure le mieux la préservation de la vie:

il n'est pas nécessaire de connaître «la science économique» pour étudier le mode de fonctionnement de cette société. Aucun des aspects du processus de socialisation n'exige, pour être compris, la compétence d'un économiste. Pour arriver à saisir les rouages de la société du Kalahari, il nous faut une connaissance intime de sa culture, à défaut de laquelle le procédé utilisé par Gai pour diviser sa proie serait incompréhensible. Il nous faut saisir les modalités selon lesquelles les décisions «politiques» sont prises sur des questions comme le choix du moment de quitter un campement pour un autre, par exemple. Si nous voulons comprendre les habitudes de chasse et de cueillette d'une communauté, il nous faut aussi nous familiariser avec les techniques qu'elle utilise.

Toutefois, aucun de ces exemples ne correspond à ce qu'il est convenu d'appeler la connaissance économique. Existerait-il un niveau plus profond d'analyse qui nous permette de percevoir la motivation économique qui sous-tend cette société? Un économiste occidental contemporain pourrait suggérer que cette motivation réside dans la re-cherche du maximum «d'utilités» — de satisfactions — que peut procurer un bien, et il supposerait que ce principe détermine l'ensemble des activités. Pourtant, même si cela était vrai — et je ne suis pas le seul à en douter, loin de là! — cela ne jetterait aucun éclairage nouveau sur la vie des !Kung. Il se peut qu'un désir de «maximisation» pousse

Gai à chasser et Dasina à faire la cueillette, mais tout économiste qui chercherait à expliquer ces comportements par la recherche d'une utilité ou d'une satisfaction maximale devrait également soutenir que le frère de Gai, dans son rôle de tire-au-flanc, cherchait lui aussi à obtenir un maximum de satisfactions. Une «explication» qui englobe tous les comportements possibles ne peut servir à cerner ce qui est caractéristique d'un comportement en particulier.

Cette affirmation ne signifie pas que la science économique soit totalement absente de l'organisation de la vie sociale primitive. Il convient plutôt de dire que, quels que soient les motifs, les pressions et les forces qui exercent un impact sur la production et la distribution, ils sont inextricablement liés aux traits culturels, politiques et technologiques de ces sociétés. En d'autres mots, si nous savions tout de la culture, des relations politiques et de la technologie des !Kung, que resterait-il aux économistes à découvrir?

À l'opposé de la tradition, le deuxième grand mécanisme de coordination est le commandement ou le dirigisme. Comme son nom l'indique, il permet de résoudre les problèmes de production et de distribution à l'aide d'ordres venus d'en haut. Il peut s'agir de directives formelles émanant d'un pharaon ou de la législation d'un État; à une échelle plus restreinte, ce peut être l'autorité exercée par un chef de tribu ou un conseil de communauté, ou encore les ordres d'un chef de plantation ou d'un directeur d'usine. Le commandement diffère de la tradition par deux aspects essentiels. Tout d'abord, il exige un mécanisme d'application qui diffère des pressions intériorisées de la socialisation, et qui est la coercition, c'est-à-dire le recours ou la menace de recours au châtiment. Si elle ne se fondait que sur la pression résultant des mœurs ou des croyances existantes, la direction autoritaire ne serait rien de plus qu'une sorte de tradition. Les ordres donnés par les empereurs romains ou les commissaires soviétiques se fondaient sur d'autres moyens de persuasion que les pressions intériorisées de la tradition pour susciter une réaction de soumission: souvent même, ils forçaient les gens à aller à l'encontre de leurs habitudes.

Qu'en est-il de l'économie politique du commandement? Existe-t-il une science économique, c'est-à-dire une forme particulière de connaissances qu'il est nécessaire de posséder pour comprendre les rouages de l'Égypte de l'antiquité ou de l'ex-Union soviétique? Bien entendu, pour ce qui est de cette dernière, il nous faut comprendre la structure de commandement elle-même, c'est-à-dire le cadre de la planification soviétique. En outre, il faut nous familiariser avec les problèmes de gestion de gigantesques ensembles, comme les aciéries; enfin, il faut acquérir un genre de connaissance, autrefois superflue, qui permet d'harmoniser des productions diverses dans le respect de la planification centrale. Si l'effondrement de l'Union soviétique nous a sensibilisés aux difficultés exceptionnelles inhérentes à l'acquisition de ces connaissances, il faut toutefois noter qu'en elles-mêmes, ces connaissances ne sont guère plus que la projection sur une échelle géante de celles que doit posséder n'importe quel directeur d'usine. Tout essentielles qu'elles soient, elles sont davantage reliées à la gestion qu'à l'économie politique.

Voilà qui nous amène à la même conclusion inattendue dans le cas des sociétés dirigées que dans celui des sociétés traditionnelles. Le mode de coordination des activités de production et de distribution dans ces deux genres de régimes économiques est tellement imbriqué dans la culture, la technologie et la politique propres à ces sociétés qu'il ne reste aucun domaine particulier de connaissance à explorer. En d'autres termes, bien qu'il existe sans aucun doute des problèmes économiques dans les sociétés fondées sur la tradition et sur le commandement, aucune des deux ne repose sur une science économique particulière, dont la compréhension serait essentielle même après s'être imprégné de leur culture, de leurs moyens techniques et de leur organisation politique.

IV

Et nous voilà arrivés au système de marché. Je laisserai de côté pour l'instant la relation entre le marché comme mode d'organisation de la production et de la distribution, et le capitalisme en tant qu'organisation sociale plus vaste dans laquelle le marché joue un rôle crucial. Même si nous en sommes encore à tâcher de voir la place qu'occupe la science économique dans l'ensemble, contentons-nous de poser sur les rouages du système de marché le même regard confus que lorsque nous assistions à la distribution des morceaux d'antilope par Gaï.

Cette fois-ci, cependant, prenons pour hypothèse que les !Kung, revenus très impressionnés de leur voyage dans les pays occidentaux, souhaitent mettre sur pied une société semblable chez eux.

— Dites-nous s'il existe une façon de recréer ici les merveilles que nous avons vues à l'étranger.

— De fait, leur répondons-nous, il vous faut créer une économie de marché.

— Parfait, acquiescent les anciens, que devons-nous enseigner à notre peuple?

— Eh bien, d'abord, il ne faut pas leur dire ce qu'ils doivent faire. Chacun fait ce qui lui plaît. À vrai dire, la principale différence entre une économie de marché et la vie économique d'une communauté traditionnelle comme la vôtre, ou une société fondée sur le commandement, comme celle de l'ancien royaume du Dahomey, est que dans un système de marché, chaque personne fait entièrement ce qu'elle veut.

Inutile de dire que la consternation se lit sur les visages. Un des anciens finit par rassembler son courage.

— Vous voulez dire que nous ne devons pas demander aux femmes d'aller cueillir des fruits et aux hommes de s'occuper de la chasse? Que nous ne devons pas faire provision de matériaux pour construire et réparer nos huttes? Qu'arrivera-t-il alors si personne ne part à la cueillette ni à la chasse et si personne ne s'occupe de réparer nos huttes?

— Soyez sans crainte, toutes ces tâches seront accomplies, car c'est dans l'intérêt de vos sœurs de faire la cueillette et dans celui de vos frères d'aller à la chasse; et dans celui de certains d'entre vous de réparer vos huttes comme de fabriquer de nouveaux arcs et de nouvelles flèches.

— Pourtant, réplique un autre ancien au milieu du malaise général, supposons que nous prenions le risque d'entreprendre cet énorme changement. Comment pouvons-nous savoir si nos cueilleurs vont rapporter la bonne quantité de nourriture? S'il y va de leur intérêt de ramasser de la nourriture, ne risquent-ils pas d'en rapporter plus que nécessaire, de sorte que cette nourriture sera perdue?

— Ne vous en faites pas pour cela. Le système de

marché réglera cette question. Si l'on a rapporté trop de nourriture, personne n'en voudra, de sorte que le prix baissera et qu'il ne sera donc plus dans l'intérêt de vos sœurs de rapporter plus de nourriture que nécessaire.

— Comment saurons-nous alors, demande triomphalement notre interlocuteur, si la nourriture amassée est suffisante?

— Ne vous faites pas de bile; le système de marché y veillera aussi!

— Mais quel est ce système qui fait des choses aussi extraordinaires? Qui le dirige, par exemple?

— Eh bien, en fait, nous ne pouvons pas vous le dire exactement. Le système de marché, ça n'existe pas vraiment, c'est simplement la manière dont les gens agissent. Personne ne le dirige.

— Mais nous pensions que les gens se comportaient comme ils l'entendaient!

— C'est vrai. Mais ne vous en faites pas. Ils seront heureux de faire ce que vous voulez qu'ils fassent.

— J'ai bien peur, de conclure le chef de tribu dans toute sa dignité, que vous ne nous fassiez perdre notre temps. Nous pensions que vous aviez en tête une proposition sérieuse. Ce que vous suggérez là est inconcevable[5].

---

5. Robert HEILBRONER, *The Making of Economic Society*, 9ᵉ éd., Englewood Cliffs, N.J., Prentice-Hall, 1992, p. 13-14. (adaptation libre).

V

Après avoir décrit la représentation d'une société de marché que se ferait une personne n'ayant qu'une vague notion de ce qu'est un «prix», nous pouvons maintenant franchir la dernière étape de notre découverte du capitalisme. Nous nous retrouvons face à un phénomène à la fois très simple et chargé de signification pour la compréhension de notre propre organisation sociale . Les trois principes d'organisation — la tradition, le commandement, le marché — confèrent des dynamiques essentiellement différentes aux sociétés qui sont sous leur emprise.

La dynamique du premier principe d'organisation est très simple. C'est l'empire de la stase, de l'immuabilité, ce qui n'implique pas, malgré tout, de s'en remettre exclusivement au destin. Nombre de sociétés traditionalistes entreprennent de longues marches forcées en période de famine et de sécheresse. On sait qu'au cours du néolithique, des communautés de ce genre sont parvenues à s'adapter aux exigences exceptionnelles de la période glaciaire[6]. L'importance dominante de la tradition n'impose pas non plus un niveau abject de misère, comme on l'a longtemps cru. L'anthropologue Marshall Sahlins a d'ailleurs été jusqu'à

6. Voir Vernon SMITH, «Hunting and Gathering Societies», dans *The New Palgrave*, vol. 2, New York, MacMillan, 1987, p. 695-696.

qualifier ces sociétés de «premières sociétés d'abondance», étant donné que leurs coutumes établies remplissaient amplement les attentes de leur population[7]. Il reste que toute société dont le parcours historique est tracé par la réconfortante tradition traverse l'histoire en somnambule. Sans doute peut-elle parvenir à de remarquables adaptations — si ce n'était pas le cas, la société humaine n'aurait jamais survécu à sa périlleuse enfance — mais ces écarts par rapport au sentier bien tracé de la vie se justifient par la nécessité bien plus que par l'esprit d'aventure ou par l'imagination du pionnier.

La situation commence à changer radicalement quand on en vient aux sociétés dans lesquelles le commandement joue un rôle pivot dans la production et la répartition des efforts d'approvisionnement. Nous ignorons à quel moment précis le commandement a remplacé la tradition comme principe d'organisation de la société. Selon l'historien allemand Rustow, il se peut que ce glissement ait coïncidé avec l'irruption, à l'âge néolithique, des cavaliers nomades dans les régions occupées par des cultivateurs sédentaires, apportant «une nouvelle race d'hommes, caractérisés par une supériorité marquée [...] mesurant

---

7. Marshall David SAHLINS. *Âge de pierre, âge d'abondance: l'économie des sociétés*, Paris, Gallimard, 1976 (traduit de l'anglais par Tina Jolas), chap. 1.

plus de deux mètres et [...] plusieurs fois plus rapides que les fantassins[8]». En bref, Rustow évoque le prototype du centaure. Tout ce que nous savons de source historique, cependant, c'est que dans des parties du monde aussi éloignées les unes des autres que l'Égypte et l'Amérique latine sont apparues des sociétés structurées selon le même principe que les phénoménales pyramides qu'elles érigaient. Il ne fait aucun doute que ces hiérarchies sociales formelles ont été précédées, dans de nombreuses régions du globe, par des sociétés fondées sur la parenté qui s'étaient dotées d'une stratification moins rigide[9].

Pour nous, l'important est de noter que, dans toutes ces sociétés, le commandement jouait un rôle essentiel dans les dispositions relatives à l'approvisionnement, ce qui ne signifie nullement que la tradition avait cessé d'exercer son influence stabilisatrice. Adam Smith notait, à propos de l'Égypte antique, que chacun était censé «suivre les mêmes occupations que son père» et que «le changement de profession passait pour un horrible sacrilège[10]». Jamais

---

8. Alexandre Rustow, *Freedom and Domination*, Princeton, N.J., Princeton University Press, 1980, p. 29 et 47. (Traduction libre)

9. Voir Eli Sagan, *At the Dawn of Tyranny*, New York, Knopf, 1985.

10. Adam Smith, *Recherches sur la nature et les causes de la richesse des nations*, Paris, Flammarion, 1991, tome I, p. 133 (traduction de Germain Garnier).

cependant l'ornière de la tradition n'aurait pu amener les Égyptiens, les Incas ou les Mayas à construire leurs admirables monuments, temples et palais. Pas plus que la tradition n'aurait pu apporter les biens et services qui ont soutenu les armées d'Alexandre ou de César, sans parler des immenses approvisionnements militaires des deux camps au cours de la Deuxième Guerre mondiale.

Donc, le commandement nous intéresse parce que c'est le mode d'organisation par excellence pour effectuer délibérément des changements dans l'orientation que suit une société. La guerre, la révolution ou toute autre entreprise importante de la société — la mise sur pied d'un système de bien-être social, par exemple — peut recourir à plusieurs des mécanismes fiables de la tradition et aux moyens, beaucoup plus souples, mis en œuvre par le système de marché, ce dont je vais vous entretenir un peu plus tard. Mais le commandement est le moyen essentiel si l'on veut modifier volontairement les méthodes de production et de distribution, que le changement lui-même résulte d'un décret impérial ou d'un vote démocratique.

Nous en arrivons enfin au principe d'organisation du capitalisme, le marché. Un régime capitaliste dépend aussi dans une bonne mesure de l'influence stabilisatrice de la tradition: un système de marché pourrait-il fonctionner sans intégrité, ce trait acquis par la socialisation? Un système capitaliste intègre en outre certains éléments propres à la direction autoritaire: derrière les contrats que nous signons se retrouvent les tribunaux qui en imposeront l'application. Il est cependant évident que la dynamique d'un système structuré en marché est très différente de celle qui résulte de la tradition ou du commandement. Si la société traditionnelle traverse l'histoire en somnambule et si la société dirigée poursuit les objectifs définis par des institutions et des individus puissants, la société de marché est aux mains de forces souterraines animées de leur vie propre.

Le principe du mouvement conféré par ces forces nous donne un genre particulier de dynamisme auquel nous pouvons enfin attribuer le titre de «science économique». Ce dynamisme, nous le connaissons tous, qu'il nous soit déjà arrivé de lire un manuel d'économie politique ou non. Sous son aspect le plus spectaculaire, le dynamisme a pris la forme de vagues d'innovations qui ont bouleversé non seulement la capacité de production de la société mais aussi son tissu social, jusqu'à sa relation avec la nature elle-même. La première de ces vagues a coïncidé avec la Révolution industrielle à la fin du XVIIIᵉ et au début du XIXᵉ siècles. Cette révolution nous a légués la filature de coton et la machine à vapeur, de même que l'entassement de la population dans les quartiers industriels et le recours massif à une main-d'œuvre enfantine dans les usines. Une deuxième révolution nous a apporté le chemin de fer, les bateaux à vapeur et la production massive d'acier, en plus d'une nouvelle forme d'instabilité économique — les cycles économiques. Une troisième révolution a introduit l'électricité dans notre vie, de même que les premiers aspects d'une société de consommation de produits mi-luxueux. Au terme de la quatrième, l'automobile a tout bouleversé, depuis nos habitudes sexuelles jusqu'à la localisation des concentrations de populations. Une cinquième révolution vient tout juste de confirmer l'envahissement de notre vie par l'électronique. Cette liste est bien sûr arbitraire. Ce qui frappe dans la dynamique de cette évolution, c'est que le changement lui-même est devenu la norme de la vie quotidienne. Tout au long de l'histoire de l'humanité jusqu'aujourd'hui, les conditions matérielles d'existence des enfants étaient sensiblement les mêmes que celles de leurs parents, sous réserve de circonstances exceptionnelles comme les guerres et cataclysmes, bien sûr. Depuis le milieu du XIXe siècle, ce sentiment de continuité a graduellement cédé la place à un sentiment de changement immanent.

Si l'incessant remodelage du milieu social représente sans conteste l'aspect le plus manifeste de l'impact de l'économie de marché sur l'organisation sociale, ce n'est pas le plus important. L'aspect le plus profond de cette instabilité kaléidoscopique est qu'il dissimule une sorte de discipline en vertu de laquelle les forces libérées sont à l'œuvre de manière aveugle mais non fortuite. Au contraire, il existe des mécanismes de contrôle, des rétroactions et des limites auto-imposées dans le torrent des bouleversements suscités par le marché, de telle sorte que, en considérant les tendances historiques de la production et de la distribution des biens, nous constatons que le fonctionnement de l'économie capitaliste reflète l'existence d'une structure systémique, d'une sorte de trajectoire historique grandiose, d'une certaine méthodicité.

Quelle est cette structure, cette méthodicité, cette trajectoire? Quelles sont les sources de l'énergie, l'implacable et omniprésente incitation au changement qui a représenté la contribution du capitalisme à l'histoire, pour le pire aussi bien que pour le meilleur? C'est ce que nous verrons dans les chapitres qui suivent. Il me faut terminer celui-ci en revenant au thème abordé au début — le caractère prévisible de notre avenir. Comme je l'ai dit précedemment, l'avenir du capitalisme actuel est marqué par un niveau très élevé d'imprévisibilité, en raison du fait que sa propension au changement peut être soumise, dans une bonne mesure, aux stimulations, aux blocages, à l'utilisation et aux abus des processus politiques qui sont inévitablement présents dans tout pays capitaliste. Il m'est dès lors possible d'imaginer des capitalismes prospères et des capitalismes misérables au cours des prochaines décennies. Et, de fait, s'il me fallait faire une seule prédiction concernant les perspectives que présente le capitalisme pour le XXIᵉ siècle, ce serait celle-là.

Nous avons cependant constaté la capacité unique du capitalisme à provoquer des propensions au changement puissantes et tenaces. Et cette caractéristique nous permet de parler de l'avenir du capitalisme de façon *analytique*, ce que nous ne saurions faire avec les autres organisations sociales. Je ne voudrais pas mettre la charrue devant les bœufs et dévoiler le contenu des chapitres suivants en vous disant en quoi peut consister ce caractère analytique. Qu'il me suffise de dire qu'il constitue la base de scénarios merveilleux, que les grands économistes, depuis Adam Smith jusqu'à John Maynard Keynes, ont utilisés pour décrire la voie toute tracée du capitalisme. Comme dans le cas de Marx, les prédictions de Smith et de Keynes concernant l'avenir du capitalisme ne se sont pas entièrement réalisées, en dépit de leur clairvoyance à bien des égards, clairvoyance tout aussi remarquable que chez Marx, d'ailleurs. Comme je l'ai déjà dit, je ne serai pas insensé au point de vouloir mener à bien une entreprise que ces grands maîtres de l'analyse économique n'ont pu réussir — établir un scénario afin de prédire, avec une précision déconcertante, les changements que subira le capitalisme, en tant qu'ordre social paranational. Leurs efforts nous aideront cependant à voir ce qui, dans ce régime, nous permet de l'envisager sous l'aspect unique que nous avons mentionné. Le capitalisme nous entraîne tous dans des avenirs imprévisibles; pourtant, la façon dont ces futurs se forgeront est loin d'être totalement imprévisible.

2

ACCUMULER DU CAPITAL

I

J'espère qu'il est maintenant clair que le capitalisme comporte davantage de qualités que nous, qui vivons à l'intérieur de ce système, lui reconnaissons. Le chapitre précédent avait essentiellement pour but de nous faire saisir les différences fondamentales qui existent entre ce système et d'autres sociétés dominées par la tradition et par le commandement. Il est temps à présent de nous concentrer sur la description du capitalisme comme tel plutôt que par opposition aux autres systèmes.

L'un des traits saillants du capitalisme est sans contredit son extraordinaire propension à se renouveler au cours de l'histoire. On pourrait définir le capitalisme comme un ordre social en perpétuelle mutation, dont le changement semble suivre une orientation particulière et être animé d'un principe de mouvement sous-jacent, d'une logique. Si l'on s'efforce d'établir les différences qui existent, dans le monde occidental, entre les XVIIIe, XIXe et XXe siècles, la perception d'une dynamique de développement s'impose, dynamique qui permet de parler de l'histoire du capitalisme en des termes différents de ceux que l'on pourrait utiliser si l'on retraçait l'histoire des grands royaumes asiatiques ou de l'Empire romain. Pour une bonne part, cet ouvrage vise à découvrir dans quelle mesure on peut parvenir à reconstruire une image cohérente et intelligible du passé, pour extrapoler une vision de l'avenir qui se fonde sur autre chose que des craintes et des espoirs.

Manifestement, cet objectif assez vaste suppose une compréhension de l'énergie qui rayonne du capitalisme comme d'une source d'électricité. Tout le monde connaît la source de cette tension sociale unique. C'est l'activité qui se trouve au cœur de l'organisation — le besoin de monter dans l'échelle sociale, de gagner de l'argent, d'accumuler du capital. Nous utiliserons cette dernière expression car, comme nous le verrons, il existe une relation étroite entre le «capital» et le système fondé sur celui-ci — une relation qui se trouve voilée, ou même camouflée, dans les expressions courantes «monter dans l'échelle sociale» et «gagner de l'argent». Notre premier niveau d'intérêt apparaît donc assez évident: il s'agit de voir ce que l'on entend par le mot qui ne désigne plus seulement le nom, mais est devenu le signe distinctif de l'ordre social dans lequel nous vivons.

Chose surprenante, le capital et la richesse ne sont pas des notions équivalentes. Si la richesse fait partie de longue date de la civilisation humaine, le besoin de l'accumuler, dont on retrouve les origines chez les pharaons égyptiens, n'a jamais été un élément déclencheur de changements permanents et profonds. Au moment de la conquête de l'Égypte par Napoléon, au début du XIXe siècle, ce pays n'avait guère changé par rapport à ce qu'il était trois mille ans auparavant. De même, les Incas, les Mayas ou les dirigeants de l'Inde ou de la Chine ont accumulé de vastes trésors et construit de somptueux palais, sans que leur longue histoire rappelle même vaguement la logique de développement que nous percevons dans les trois derniers siècles de l'histoire du monde occidental. J'en ai déjà précisé la raison: la richesse n'est pas du capital.

En quoi consiste la richesse? Pour aborder cette question, nous pouvons nous pencher sur des choses plus anciennes encore que les réserves d'or et les palais majestueux. J'ai affirmé qu'il se pouvait que les sociétés primitives soient parvenues à une abondance de satisfactions, sauf quand la nature se retournait contre elles. Permettez-moi d'ajouter, à ce stade-ci, que de nombreuses sociétés primitives ont également construit des monuments qui nécessitaient de longs et pénibles travaux: je fais référence à Stonehenge ou aux célèbres sculptures géantes de l'île de Pâques, aux peintures rupestres de la grotte de Lascaux ou aux immenses totems de la côte nord-américaine. S'agissait-il de richesses? Je ne le pense pas. Ces créations sont des objets représentant des valeurs morales. Il s'agissait d'abord et avant tout d'incarnations de la vie spirituelle de la communauté — de témoins de son respect des coutumes, d'offrandes destinées à apaiser une nature animée.

La richesse ne représente pas de valeur morale. Elle est un symbole de pouvoir et de prestige, qui profite généralement aux personnes qui la possèdent et, dans une moindre mesure, à la société dans laquelle on la trouve. L'idée même de possession nous dévoile un aspect de la richesse qui la différencie des valeurs morales. La richesse est inextricablement liée à la notion d'inégalité. Et cette idée nous vient, ce qui est fort inattendu, du premier des grands philosophes du capitalisme, qui a écrit que la grande propriété allait de pair avec une forte inégalité et que l'abondance des riches supposait l'indigence de nombreuses personnes. C'est Adam Smith et non Karl Marx qui a avancé ces idées[11].

---

11. Adam SMITH, *Richesse des nations*.

La question de l'inégalité mérite qu'on s'y arrête. Smith était conscient de la nécessité d'expliquer le désir de richesse, et il a trouvé cette explication dans deux des avantages que procure la richesse. Le premier, c'est l'estime, qui est fondée sur l'inégalité de statut. «L'homme riche savoure sa richesse, écrit Smith, parce qu'il pense qu'elle attire tout naturellement l'attention du monde sur lui. À cette pensée, son cœur semble gonfler dans sa poitrine et se dilater, cela le rend plus fier de sa richesse que de tout autre avantage qu'elle peut lui procurer[12].» La deuxième explication puise son origine dans une autre différence que la richesse entraîne. «Richesse, c'est pouvoir,» dit Smith en reprenant les mots de Hobbes. Et il poursuit, disant que le pouvoir conféré par la richesse n'est ni politique ni militaire, bien qu'il puisse servir de tremplin à ce dernier. C'est «le pouvoir d'acheter; c'est un droit de commandement sur tout le travail d'autrui, ou sur tout le produit de ce travail existant alors sur le marché[13].»

Le terme *commandement* révèle ici la présence d'une inégalité. Smith, ne veut pas dire que la richesse permet simplement à deux individus de situations financières équivalentes de procéder à des échanges de services à la

---

12. Adam SMITH, *The Theory of Moral Sentiments*, Oxford, Clarendon Press, 1976, p. 50-51. (Traduction libre)

13. Adam SMITH, *Richesse des nations*, tome I, p. 100.

satisfaction des deux parties, en utilisant l'argent pour simplifier les transactions. Selon lui, un manque de richesse peut forcer une personne qui se trouve dans une situation financière moins confortable à entrer dans une relation de marché avec une autre, qui occupe une situation plus avantageuse, pour la simple raison que leurs situations diffèrent. On ne saurait alors se surprendre de voir que les riches ont la possibilité de profiter d'une part démesurément grande des biens et services de la société. Par contre, on sera surpris de constater que le concept même de richesse implique une telle inégalité et qu'une société fondée sur l'égale répartition des richesses, même si elle jouissait des plaisirs des *Mille et une nuits*, serait nécessairement une société dépourvue de puissance économique.

Cela nous amène à traiter d'un aspect de la propriété qui revêt une importance particulière pour le capitalisme. Il s'agit de l'inégalité entre les propriétaires des moyens de production et ceux qui s'en servent pour travailler — c'est-à-dire les capitalistes et «leurs» ouvriers. Si nous revenons pendant quelques instants à la société du Kalahari, nous trouverons sans aucun doute une certaine inégalité dans la possession des effets personnels et des armes par divers membres de la communauté. Toutefois, l'idée que, dans la culture du Kalahari, un riche Bochiman puisse posséder toutes les armes de la tribu et que Gai soit contraint à louer de ce dernier un arc et des flèches pour nourrir sa famille ou qu'il ait même à devenir son «employé» pour pouvoir se nourrir est aussi inconcevable que de voir, dans notre société, quelqu'un pénétrer dans une usine et se servir de l'équipement de production qui s'y trouve. Il ne fait aucun doute que ce droit de refuser l'accès aux moyens de production constitue le principal avantage que confère la richesse dans le système capitaliste. Une personne qui ne possède aucun capital est parfaitement libre de travailler comme elle le désire et peut, en réalité, très bien réussir par la seule utilisation de son corps — il suffit de penser aux acteurs et aux artistes de variétés. Cependant, quiconque ne possède pas de tels talents personnels doit acheter le privilège de faire usage de la richesse appartenant à quelqu'un d'autre. Cette réalité jette un éclairage différent sur l'institution qu'est le «travail salarié», qui constitue la façon de canaliser et de rémunérer le travail des individus dans le système capitaliste.

II

Le capital constitue-t-il de la richesse? Oui et non. Le capital est certainement de la richesse dans la mesure où ceux qui en possèdent sont généralement ceux qui bénéficient de l'estime des autres et qui exercent le pouvoir sur le marché. Dès lors, il faut aborder la question d'un point de vue différent et se demander si la richesse constitue du capital. La réponse, déconcertante, est la suivante: parfois oui et parfois non.

La différence réside dans la nature particulière du capital. Le capital, c'est une richesse dont la valeur n'est pas inhérente à ses caractéristiques matérielles, mais plutôt à l'usage qu'on en fait pour créer une quantité encore plus importante de capital. Habituellement, cela se passe de la manière suivante: l'argent est converti en biens, par exemple des matières premières; celles-ci sont converties en produits finis et en services; et les produits finis sont vendus sur le marché — non pas pour réaliser un profit et prendre une retraite dorée, mais pour acheter de nouvelles matières premières et recommencer le processus. Comme conséquence de ce cycle perpétuel, il n'y a aucun lien entre les caractéristiques matérielles des biens et leur fonction comme moyen d'accumulation de richesse: un capitaliste peut devenir riche en vendant du charbon ou de la ferraille, même si personne ne les considère comme des richesses. De même, un Rembrandt, qui est certes une représentation de la richesse, ne devient capital que lorsqu'on ne le désire plus pour ce qu'il est, mais bien comme tremplin vers l'accumulation d'un plus gros capital. Le propriétaire du Rembrandt devient alors marchand de tableaux. Nous pouvons en conclure que le capital diffère de la richesse par sa nature dynamique, sa forme en perpétuel changement, passant des biens à l'argent aux biens à nouveau, dans une incessante métamorphose qui établit clairement son rapport avec la nature versatile du capitalisme lui-même.

Quel est l'élément moteur de ce processus que Marx avait décrit comme l'accumulation du capital? À ce stade de notre analyse, nous ne sommes plus certains de bien comprendre. Les économistes conçoivent ce processus d'expansion sans fin comme le reflet d'un besoin de «maximiser les utilités», une vision pour laquelle j'ai affiché un certain scepticisme au chapitre précédent. Cette «maximisation» de nos satisfactions semble aussi vague qu'inadéquate pour justifier le caractère insatiable du besoin que Marx décrivait en ces termes: «Accumulez, accumulez ! C'est la loi et les prophètes[14]!» Entre ces deux extrêmes, on retrouve l'affirmation d'Adam Smith selon laquelle nous sommes les créatures d'un «désir d'améliorer notre sort» — un désir qui, selon lui, «naît avec nous et ne nous quitte qu'au tombeau» — et il poursuit sa description de l'objet de ce désir en le qualifiant de «voie la plus simple et la plus sûre d'augmenter sa fortune», en d'autres termes, de gagner de l'argent[15].

----

14. Karl MARX, *Le Capital*, Livre premier, Moscou, Éditions du progrès, 1982, p. 561.

15. Adam SMITH, *Richesse des nations*, tome I, p. 429.

Pour ma part, je pense que le besoin insatiable d'accumuler du capital traduit davantage des besoins qui, dans les sociétés anciennes, se sont traduits par l'expansionnisme des empires ou la déification des souverains. La vaine maximisation des satisfactions et la timide «amélioration de notre sort» en gagnant de l'argent prennent alors toute leur nécessité pressante en reliant le besoin d'accumuler de la richesse avec des motifs inconscients, sans doute issus de nos fantasmes puérils de toute-puissance. J'expliquerai bientôt pourquoi, dans notre société, ces fantasmes prennent la forme d'un besoin d'accumuler du capital.

Une deuxième raison vient toutefois compléter et peut-être même renforcer la première. Étant donné que chaque capitaliste cherche à étendre son domaine d'exploitation, on en arrive à un choc, qu'on nomme la concurrence. Marx a dit qu'un capitaliste en tuait toujours de nombreux autres[16]. À ce pur accroissement vient donc s'ajouter un élément d'esprit guerrier — à la fois agressif et défensif. Vu sous cet angle, le capitalisme n'apparaît plus seulement comme une société caractérisée par une dynamique permanente de changement, mais aussi comme une

---

16. Karl MARX, *Capital*, New York, International Publishers, 1967, Vol. I, p. 763. Cette citation n'apparaît pas dans la traduction française parue aux Éditions du progrès.

société dans laquelle la recherche du capital remplit certaines des mêmes fonctions inconscientes que, dans une période plus ancienne, la gloire militaire et la majesté individuelle.

III

Ces réflexions jettent un peu d'éclairage sur un aspect du capitalisme qui a souvent donné lieu à de pieuses lamentations, sans toutefois parvenir à expliquer pour quelle raison le besoin insatiable d'accumulation n'est pas apparu beaucoup plus tôt dans les sociétés régies par la tradition ou l'autorité. Dans la mesure où l'on entend souvent dire que la motivation du profit fait partie de la nature humaine, on devrait s'attendre à retrouver des traces de l'accumulation de capital très loin dans l'histoire. Pourtant, il n'en est guère question avant l'entrée en scène du capitalisme au XVIIIe siècle.

Nous avons déjà vu pourquoi. Il ne faut pas confondre richesse et capital. Jules César est devenu gouverneur d'Espagne, un pays qui renfermait d'importants gisements miniers, et en est revenu riche quelques années plus tard. Mais il fallait bien davantage que l'enrichissement personnel de quelques grands généraux pour que l'accumulation de capital, en tant que moteur de transformations sociales, puisse se produire. Il fallait notamment élever l'activité économique de la piètre considération dans laquelle on la maintenait — «dépourvue de noblesse et ennemie de la perfection du caractère», selon l'expression d'Aristote — à quelque chose qui s'approche de la respectabilité. Pour ce faire, il fallait notamment libérer «l'économie» semi-indépendante de l'État qui l'englobait. Et, de manière sous-jacente, il fallait élargir le réseau des transactions jusqu'à ce qu'il atteigne les véritables processus vitaux de la société elle-même. Un ordre social capitaliste ne pouvait prendre racine tant que les activités les plus fondamentales de production ne faisaient pas partie du cycle de transformation de l'argent en biens et de biens en plus grande quantité d'argent. Alors seulement l'accumulation de capital pouvait hériter des rêves de pouvoir qui, autrefois, s'attachaient aux exploits teintés de gloire et d'aventure; à la différence que le besoin de capital serait ouvert à un segment beaucoup plus large de la population que la possibilité de se distinguer sur les plans militaire ou politique; en théorie, il serait ouvert à tous.

Qu'est-ce qui a amené un changement aussi profond? La chute de l'Empire romain a constitué le facteur précipitant. Cet «événement» catastrophique s'est étendu sur quatre siècles. La chute de Rome était cruciale non seulement en raison de l'incompatibilité totale de l'ordre social de l'Empire avec un régime capitaliste, mais aussi parce que ses vestiges ont fourni un cadre extraordinaire qui a permis à un tel ordre d'émerger lentement, péniblement, sans avoir le sentiment de remplir une mission historique au cours des mille années qu'on appelle la féodalité. Ladite incapacité du capitalisme à apparaître spontanément à plus d'une reprise dans l'histoire du monde est vraisemblablement due au fait que ce cadre socio-historique ne s'est jamais présenté ailleurs.

Nous ne pouvons retracer que dans les très grandes lignes le récit de cette gestation millénaire. La disparition de l'Empire laissa l'Europe dépourvue de toute loi, de toute monnaie et de tout gouvernement unificateurs, divisée en une sorte de courtepointe multicolore ridicule faite de villes, d'États seigneuriaux et de fiefs insignifiants, tous isolés et autarciques — une catastrophe semblable, quoique d'une ampleur cent fois plus vaste, à l'effondrement de l'Union soviétique. C'est cependant cette fragmentation de la vie féodale qui a préparé le terrain à la transformation qui a suivi. À compter du IXe siècle, soit quatre cents ans après le début de la «chute», de pleins convois de marchands se frayaient un chemin d'un manoir à l'autre, sous la protection d'escortes armées, chargées de repousser les attaques de brigands. Graduellement, ces commerçants aventuriers se sont insinués dans les affaires des seigneuries et particulièrement des villes, de sorte qu'au XIVe siècle — le Moyen Âge durait alors depuis près de mille ans

— leurs descendants habitant les villes étaient devenus les autorités politiques des «bourgs» et d'une vie urbaine en pleine expansion. Ces citadins jouèrent alors un rôle à la fois indispensable pour le régime féodal en pleine évolution et, au bout du compte, subversif face à ce même régime. Indispensable parce que les seigneurs féodaux devaient sans cesse s'adresser à leurs sujets bourgeois, dont certains étaient devenus très riches, pour obtenir des prêts; subversif parce que le mode de vie commercial incarné par les prêteurs était, finalement, incompatible avec la domination féodale. À la fin du XVIIe siècle, la classe bourgeoise constituait déjà une puissance politique en Angleterre; à la fin du XVIIIe siècle, elle gouvernait en fait la France; à la fin du XIXe siècle, elle détenait une bonne partie du pouvoir politique dans le monde.

Avec l'arrivée au pouvoir de la bourgeoisie se dessinèrent également les traits particuliers d'une nouvelle organisation sociale dont les valeurs inspirées par l'argent constituaient sans doute l'aspect le plus visible, le plus important étant cependant de loin la propagation d'une forme de vie économique jusque-là inconnue. Dans les campagnes, l'institution du servage, selon laquelle le serf remettait une partie de ses récoltes à son seigneur et gardait le reste pour lui, fit place à une institution assez différente, en vertu de laquelle les cultivateurs capitalistes versaient un salaire à leurs employés tout en possédant la totalité du produit des récoltes. En ville, la relation qui unissait le maître et l'apprenti, sous la stricte surveillance des guildes, devint celle entre l'employeur et le travailleur, qui n'était soumise à aucune autre règle que celle du marché de la main-d'œuvre. Dans les grandes villes, les activités lucratives passèrent de la périphérie suspecte de la vie à son très honorable centre.

Les institutions de la féodalité disparurent donc, non sans effusions de sang, pour faire place à celles d'une organisation sociale qu'Adam Smith a appelée la Société de la parfaite liberté. Il s'agissait de liberté économique, non de liberté politique, et encore était-elle loin de la perfection si on se fie à nos normes actuelles — pendant près d'un siècle, les dirigeants syndicaux pouvaient être «mutés» en Australie. Quoi qu'il en soit, dans le cadre d'une Société de la parfaite liberté, les travailleurs avaient le droit de se déplacer librement d'un endroit ou d'un emploi à un autre, ce qui était interdit aux serfs et aux apprentis. En passant, le mot «capitalisme» n'existait pas du temps de Smith, et Marx lui-même n'y a jamais eu recours, sauf dans sa correspondance. Comme le terme désignant l'eau dans laquelle on nage, le mot «capitalisme» fit son apparition en anglais vers la fin du XIXe siècle. Ce terme a survécu depuis lors, quoique, en raison de son passé mouvementé et de son avenir incertain, on préfère plus souvent parler de «système de libre entreprise privée», qui a une connotation plus optimiste.

IV

Le rôle clé que joue l'accumulation du capital dans la nouvelle organisation sociale explique clairement pourquoi le capitalisme révolutionne la vie sociale et matérielle à un niveau que n'ont pas atteint les royaumes impériaux, en dépit de leurs pyramides, de leurs trésors et de leurs merveilleux palais. La raison en est que le besoin de capital constitue le fondement de la société et non son apogée. La conversion sans fin des biens et services en argent se réalise plus facilement à travers le large spectre de la production, où elle constitue une puissante stimulation à augmenter la quantité et à modifier la qualité des produits. L'accumulation de richesse sous forme de monuments et de trésors n'avait pas le même effet.

Adam Smith a fait de cette expansion de la production une caractéristique essentielle d'une Société de la parfaite liberté. Smith attribue cette expansion au fait que le meilleur moyen dont dispose le capitaliste pour améliorer sa situation consiste à investir une partie de ses profits pour acquérir de l'équipement supplémentaire et augmenter ainsi le potentiel de production de son entreprise et, par conséquent, ses revenus ultérieurs. Dans le célèbre chapitre d'introduction de ses *Recherches sur la nature et les causes de la richesse des nations*, Smith décrit le fonctionnement d'une petite «manufacture» d'épingles, qui ne compte que dix employés. En divisant le procédé de fabrication en plusieurs étapes, chacune effectuée par une personne différente souvent à l'aide d'une machine, les dix ouvriers sont parvenus à produire plus de quarante-huit mille épingles par jour. «S'ils avaient tous travaillé à part et indépendamment les uns des autres, fait remarquer Smith, chacun d'eux assurément n'eût pas fait vingt épingles, peut-être pas une seule, dans sa journée[17].»

Le processus d'accumulation a donc un impact direct sur l'environnement social en multipliant la productivité de la main-d'œuvre. Smith explique cette augmentation par l'encouragement de l'ouvrier à accroître sa dextérité, l'économie de temps perdu auparavant à flâner d'une tâche à l'autre et par la plus grande facilité de mécanisation d'une main-d'œuvre divisée. De nos jours, les économistes considèrent que la croissance est due aux aspects les plus innovateurs de la technologie — c'est-à-dire non pas tant à la division de la main-d'œuvre qu'à l'introduction de nouveaux produits et procédés. En nous plaçant du point de vue de Smith, nous imaginons une société dans laquelle la production augmente alors que le produit reste le même. Le manque de confiance de Smith dans les capacités de

---

17. Adam SMITH, *Richesse des nations*, tome I, p. 72.

gestion des «sociétés par actions» qui faisaient alors leur apparition est caractéristique de son manque d'intérêt pour le changement institutionnel ou organisationnel[18].

Selon une vision qui a amplement supplanté celle de Smith — et que l'on associe aux travaux de Joseph Schumpeter dans les années 1930 — le fabricant d'épingles de Smith s'aperçoit vite que son marché est saturé, mais il découvre une autre façon d'augmenter son capital: la diversification de sa production, par la fabrication d'épingles aux têtes de couleurs différentes. Plus tard, son fils lance un nouveau produit, l'épingle dite «de sûreté», son petit-fils entreprend de fabriquer des trombones, et leurs descendants font le saut sur le marché des fermetures Éclair® et du Velcro®. Dans mon exemple, j'ai repris l'image du capitalisme familial, qui nous vient de l'époque victorienne, mais l'idée de Schumpeter était que le meilleur moyen d'accumuler du capital consistait à remplacer un procédé ou un produit par un autre dans une entreprise géante. Il parlait alors de «destruction créatrice» et ce processus demeure le principal agent de changement à l'œuvre dans toutes les économies capitalistes avancées.

Qu'elle soit l'œuvre de la manufacture d'épingles de Smith ou de la société innovatrice de Schumpeter, l'accu-

---

18. Adam SMITH, *Richesse des nations*, tome II, p. 366.

mulation exerce deux effets sur la société au sens large. La hausse du niveau de vie dans les pays dans lesquels la structure complexe du capitalisme parvient à s'implanter représente sans conteste l'effet le plus important, comme l'a démontré de façon éclatante le démographe Paul Bairoch. Ce dernier a comparé les changements survenus dans le PNB par habitant des pays qu'il a qualifiés de pays «actuellement développés» et de pays «actuellement moins développés» — en d'autres termes, ceux du bloc capitaliste et du bloc non capitaliste. Le PNB était calculé en dollars constants pendant les trois périodes de référence utilisées: les années 1750, les années 1930 et les années 1980. Les «pays actuellement développés» jouissaient de revenus moyens par habitant près de quatre fois plus élevés dans les années 1930 que dans les années 1750 et à nouveau quatre fois plus élevés dans les années 1980 que cinquante ans auparavant. Par opposition, les «pays actuellement moins développés» ne présentaient pratiquement aucune évolution de leur revenu par habitant entre les deux premières périodes servant de points de repère et arrivaient tout juste à doubler ce revenu par habitant entre les années 1930 et 1980. Si l'on compare la performance de ces deux ensembles de pays, on constate que, tandis que les niveaux de vie moyens dans les deux blocs étaient assez semblables dans les années 1750 — un fait renversant en soi — au cours des 230 années qui ont suivi, l'habitant moyen des pays du bloc capitaliste est devenu huit fois plus riche que celui des pays du bloc non capitaliste[19].

Bien sûr, ces chiffres doivent être interprétés avec prudence. L'une des raisons de cette extraordinaire différence de performance est la rapidité avec laquelle s'est produit le mouvement de stabilisation démographique dans les pays industrialisés, si on la compare à la croissance monstre qu'ont connue les pays en voie de développement. Et la stabilisation et l'explosion démographique peuvent constituer des effets indirects du capitalisme — la première étant le reflet de la propagation de la culture de la classe moyenne, et la deuxième témoignant de la remarquable efficacité des progrès en matière de santé publique, introduits dans les pays où l'on n'exerce aucun contrôle des naissances. En d'autres termes, une partie de l'écart entre les revenus est sans aucun doute attribuable à des effets secondaires du capitalisme plutôt qu'à sa seule performance exceptionnelle en matière de production. Une raison plus importante était le drainage des richesses de la périphérie sous-développée vers le centre développé — version capitaliste de l'exploitation des plus faibles par les plus forts déjà pratiquée dans les systèmes impérialistes les plus anciens. L'élargissement du fossé entre pays riches et

19. Paul Bairoch dans Just FAALAND, *Population and the World Economy in the 21st Century*, Oxford, Basil Blackwell, 1982, p. 162.

pays pauvres n'est certes pas une simple mesure de la performance supérieure du bloc capitaliste mais également un indice de ses pouvoirs d'exploiteur.

Nul doute donc qu'il faille nuancer le message contenu dans les chiffres avancés par Bairoch. Cela n'infirme cependant pas leur saisissante conclusion. Le capitalisme a changé le cours de l'histoire d'abord et avant tout en créant un environnement socio-économique entièrement nouveau dans lequel, pour la première fois, les conditions matérielles se sont améliorées de façon sensible et constante dans les régions du monde où le système a prospéré. Je souligne encore une fois le succès qu'a connu le système. Si l'on étudie les cent cinquante dernières années de croissance aux États-Unis, on s'aperçoit que le revenu net par habitant a crû, pendant cette période, au rythme moyen de 1,5 % par an — cela ne semble peut-être pas impressionnant jusqu'à ce qu'on observe que ce résultat suffit pour doubler le niveau de vie réel tous les quarante-sept ans. De plus, à l'exception des pires années de la dépression de 1869 et du terrible début des années 1930, l'activité économique s'est tenue, pour chaque année, à moins de 10 % d'une ligne droite représentant la tendance générale reliant le niveau de 1839 à celui de 1989. Plus récemment, nous avons assisté à l'implantation de ce même processus de transformation en Europe et, encore plus récemment, au Japon et dans les pays situés en bordure du Pacifique, à

Taïwan, en Corée, à Hong-Kong, ainsi que peut-être à Singapour et en Malaysia.

V

Jamais auparavant donc n'y a-t-il eu de mécanisme social comme l'accumulation capitaliste pour assurer un progrès économique soutenu. Il serait cependant beaucoup trop simple de dépeindre ce processus en empruntant l'expression de Marx, «couleur de rose». Certes, la hausse du bien-être matériel qu'a permis le capitalisme ne fait aucun doute. Mais on a vu l'apparition d'une nouvelle forme de misère sociale, différente des fléaux d'autrefois — mauvaises récoltes, invasion de maraudeurs ou simple injustice — et qui ressemble plutôt à un effet secondaire «économique» sans précédent dans les sociétés plus anciennes. Cet effet secondaire, c'est la tendance du processus de croissance à produire à la fois la richesse et la misère dans le cadre du fonctionnement du processus d'accumulation lui-même.

Cette nouvelle misère fit son apparition dans l'Angleterre élisabéthaine à la suite des *enclosures*. Cela signifiait que les terres traditionnellement considérées comme «communaux», sur lesquelles les paysans pauvres pouvaient construire leur hutte, faire paître leurs animaux et cultiver quelques légumes, revenaient à leurs propriétaires légaux, principalement la petite noblesse propriétaire terrienne, pour les utiliser exclusivement comme terres à pâturage pour les moutons. Les *enclosures* elles-mêmes reçurent l'approbation du Parlement et s'accompagnèrent de versements de sommes d'argent minimes aux paysans qui étaient dépossédés. Ces *enclosures* ont toutefois eu des effets horribles. De retour d'une tournée dans son royaume, la reine Élisabeth s'écria: «Il y a des miséreux partout!» Cent cinquante ans plus tard, la question des «pauvres errants», comme on appelait alors les paysans déracinés, continuait à scandaliser les Anglais. Selon toute évidence, la cause de cette misère massive et qui allait durer de longues années résidait dans l'introduction de processus capitalistes dans une société qui demeurait essentiellement féodale. Cette clôture des terres s'explique par le fait qu'il était devenu rentable de vendre de la laine. Le commerce de la laine a sans conteste représenté une des causes de la croissance de l'Angleterrre à la fin du XVIIᵉ siècle — ce n'est pas pour rien que le lord Chancelier d'Angleterre préside les débats de la Chambre des Communes assis sur une sac de laine. Donc, des considérations «économiques» ont à la fois accéléré le rythme de production et entraîné des perturbations et un appauvrissement.

Cent ans plus tard, ce processus de «paupérisation» prenait une allure différente. À cette époque, les centres actifs d'accumulation s'étaient déplacés vers les usines que

Smith décrivait. Il ne fait aucun doute que les consommateurs de la classe moyenne bénéficiaient des produits de ces industries naissantes qu'ils achetaient, et les propriétaires de celles-ci réalisaient des profits intéressants. Quant à savoir si les travailleurs en retiraient également des avantages, c'est moins sûr. Les salaires étaient bas comme partout ailleurs: ils n'ont donc pu constituer le principal problème. C'est Smith lui-même qui a attribué cette misère croissante à la détérioration due aux effets des tâches répétitives et stupides auxquelles menait la division du travail. Smith la déplora en ces termes: «Un homme qui passe toute sa vie à remplir un petit nombre d'opérations simples [...] n'a pas lieu de développer son intelligence [...] et devient, en général, aussi stupide et aussi ignorant qu'il soit possible à une créature humaine de le devenir[20].»

Au début du XIXe siècle, les usines, qui avaient gardé une petite taille furent éclipsées par les «sombres fabriques de Satan» où femmes et enfants peinaient dans des conditions épouvantables pour gagner un salaire de famine. Si ce revers de l'Angleterre de Dickens est bien connu, on souligne rarement que les fabriques qui bouleversaient les observateurs les plus sensibles de l'époque étaient également d'importants centres d'accumulation, ainsi qu'une des

---

20. Adam SMITH, *Richesse des nations*, tome II, p. 406.

principales causes de la mainmise anglaise outre-mer. Friedrich Engels faisait observer à quelqu'un qu'il n'avait jamais vu de ville aussi mal construite que Manchester, avec ses horribles taudis. L'ayant écouté calmement, son compagnon répondit: «Pourtant, on y gagne beaucoup d'argent; au plaisir, Monsieur[21].»

C'est Marx, bien entendu, qui établit un lien entre les deux aspects du capitalisme. Marx était bien au fait des succès matériels dus au capitalisme — les lecteurs du *Manifeste du Parti communiste* sont toujours surpris de constater qu'il contient un véritable dithyrambe des pouvoirs du processus d'accumulation. Pour l'essentiel, la perception de Marx se situait dans le prolongement de celle de Smith et l'amplifiait, à savoir que les impératifs de l'accumulation imposaient à l'organisation de la main-d'œuvre une logique aussi impersonnelle que celle des tactiques militaires.

À ce stade, je ne pousserai pas plus loin la question de la paupérisation — le terme employé par Marx pour parler de cette déshumanisation qui, comme on peut le voir, se distingue de l'appauvrissement. Quand nous traiterons de l'avenir dans notre dernier chapitre, cette question refera surface, en partie quand il sera question des dommages

---

21. Edmund WILSON, *To the Finland Station*, New York, Farrar, Straus and Giroux, 1972, p 142. (Traduction libre)

écologiques et en partie lorsque nous parlerons d'exploitation. Les mots «exploitation» et «écologie» eux-mêmes indiquent bien que nous sommes loin d'en avoir fini avec les dommages que nous risquons d'infliger à la société en nous efforçant d'élever le niveau de vie des gens. Dans cette première approche du problème, je souhaite malgré tout présenter une deuxième façon dont cette lame à double tranchant révèle sa capacité de couper d'un côté comme de l'autre. Pour cela, j'établirai un lien entre l'accumulation et la tendance périodique de toute l'économie à perdre l'élan qui la pousse vers l'avant pour en arriver même à faire marche arrière.

Smith lui-même avait déjà prédit que le mouvement d'expansion d'une Société de la parfaite liberté se transformerait en déclin une fois que cette société aurait construit toutes les usines qu'elle trouverait nécessaires. Il ne fait aucun doute que cela résultait de la conception généralement quantitative — plutôt que qualitative — que Smith avait de la croissance économique. Parmi les économistes qui lui ont succédé, certains ont exprimé en des termes dynamiques sa crainte de voir l'accumulation d'un capital de production en arriver fatalement un jour ou l'autre à devancer la demande. De nombreuses versions de cette conception ont vu successivement le jour. C'est ainsi que Marx, par exemple, croyait que cette accumulation mènerait à une sorte de crise, que ce soit à cause du remplacement de la main-d'œuvre par des machines, ce qui reviendrait à tuer la poule aux œufs d'or de la «plus-value», ou en raison d'une disparité entre l'offre et la demande, entraînant des crises de «disproportion», ou encore à la suite d'une lutte féroce qui opposerait des organisations industrielles d'une taille sans cesse plus grande.

De nos jours, on s'intéresse moins à trouver une explication à ces «cycles» de prospérité et de dépression qu'à chercher les raisons des irrégularités constatées dans le rythme de croissance à long terme. Je me souviens que, alors que je fréquentais le collège dans les années 1930, le premier apôtre de Keynes aux États-Unis, Alvin Hansen, étudiait avec intérêt une courbe ascendante, tracée au tableau noir, représentant une succession de cycles économiques dans le temps. Il nota que le creux d'une dépression était souvent plus élevé que la crête d'une vague de prospérité survenue deux ou trois cycles plus tôt. Il venait de comprendre que le problème fondamental de l'instabilité du système résidait dans la fluctuation du rythme de croissance et non dans l'aspect cyclique de cette fluctuation.

Bon nombre d'économistes actuels ont repris cette idée et ce, principalement pour deux raisons, l'une technologique et l'autre politique. Selon la première, les variations dans la vitalité économique sont dues à l'irrégularité des percées technologiques ou sociales ouvrant de vastes horizons aux investissements, comme celles dont nous avons parlé précédemment. La deuxième explication générale est davantage centrée sur l'environnement politique, et même culturel et idéologique, dans lequel a lieu l'accumulation, et met l'accent sur les fluctuations entre les politiques sociales incitatives et restrictives. Chacune à leur tour, ces deux puissantes forces sous-jacentes peuvent être reliées, quoique de manière assez lâche, à des changements de configuration dans l'aspect général du capitalisme, depuis sa facette de système mercantile jusqu'à sa base structurelle industrielle, et peut-être à présent post-industrielle et multinationale[22].

Toutefois, je ne poursuivrai pas cette analyse; je me contenterai plutôt de conclure par quelques mots sur la nature de l'ordre capitaliste qui se révèle à nous lorsque nous examinons la dynamique particulière du besoin inépuisable et insatiable de capital. Il ne faudrait pas assimiler l'instabilité du système à un échec, pas plus que sa croissance ne signifie son succès. La croissance étant sans conteste, en ce qui nous concerne, un résultat fructueux de la mise en application du système, et la récession étant bien évidemment un échec, de ce même point de vue, il est

---

22. Voir E.J. NELL. *Transformational Growth and Effective Demand*, Londres, Macmillan, 1992; David GORDON, Richard EDWARDS et Michael REICH, *Segmented Work, Divided Workers*, chapitre 2, New York, Cambridge University Press, 1982.

pratiquement impossible de ne pas suivre ce mode de pensée. Mais avec un recul qui est censé nous révéler le capitalisme tel qu'il est vraiment et comment le système fonctionne, nous constatons que les termes «succès» et «échec» ne nous mènent à rien. Peut-être serait-il préférable de dire que l'accumulation amène à la fois le succès et l'échec — le succès parce qu'elle est indispensable au bien-être et l'échec parce qu'elle est indissociable des effets sociaux indésirables du système, notamment l'instabilité. Il se peut que l'on parvienne à modifier légèrement le ratio succès/échec. Mais tant que le capitalisme demeurera ce qu'il est — c'est-à-dire, tant que le besoin d'accumuler du capital restera au cœur du système — il faut bien se dire que l'échec et le succès iront toujours de pair.

3

POLITIQUE
ET CAPITALISME

I

Dans notre chapitre précédent, nous avons abordé le capitalisme en tant que système économique; nous le verrons à présent comme organisation politique. La différence entre les deux n'est pas aussi importante qu'on pourrait le croire: nous avons déjà vu que les conséquences du processus d'accumulation du capital sont d'ordre politique aussi bien qu'économique et que ce processus engendre à la fois des inégalités et du bien-être matériel. Marx, qui a sans doute cherché à poser un diagnostic sur le système politique autant qu'économique du capitalisme, concevait sa dimension économique comme le résultat de l'existence de «contradictions» dues au besoin de produire inhérent au système, et rattachait sa dimension politique à la «lutte des classes» engendrée par son mode de distribution.

De nos jours, la notion de lutte des classes semble empruntée au vocabulaire d'une autre époque. Il ne faudrait pourtant pas tirer un trait trop rapidement sur la perception de Marx. Tout en restant à l'arrière-plan, hors de notre champ de vision, la tension qui existe entre ceux qui occupent des postes privilégiés et les autres, éclaire la politique de toutes les organisations sociales stratifiées. Cela revient à dire que la question politique fondamentale du capitalisme, comme celle de toute société stratifiée, concerne les relations entre ses classes.

Nous reviendrons sur cette question à la fin de notre enquête. Entre-temps, si nous cherchons à savoir quel est le problème politique essentiel du capitalisme, celui qui prend une telle place qu'il en devient souvent une obsession dans toute nation capitaliste, nous savons dans quelle direction tourner notre regard. Nous faisons référence à la relation entre le monde des affaires et le gouvernement ou, d'une perspective un peu plus lointaine, aux rapports entre l'économie et l'État.

Souvent, nous ne voyons pas à quel point cet aspect de la vie politique capitaliste est marquant, sans doute parce que nous ne sommes généralement pas attentifs à une des caractéristiques uniques du système: la séparation du pouvoir, dans toute organisation sociale, entre deux domaines indépendants et distincts sur le plan juridique, à la fois mutuellement dépendants et mariés pour la vie. L'analogie qui permet le mieux de saisir ce clivage qu'on retrouve au cœur du système capitaliste est celle de la division féodale entre l'autorité de l'Église et celle de l'État; cependant, cette relation profonde et intense est éclipsée par celle qui divise l'autorité dans la société capitaliste.

Permettez-moi dès lors de débuter en disant quelques mots de chacune des deux composantes de cette division. Tous et toutes, nous sommes conscients de la différence entre «l'État», les institutions de l'ordre public qu'il suppose, ses mécanismes d'utilisation de la force et ses cérémonies, d'une part, et «l'économie», ses usines, ses magasins, ses banques, ses marchés, ses demandes d'emploi et ses bureaux d'aide aux chômeurs, d'autre part. Le rôle de l'État consiste à gouverner; celui de l'économie, à produire et distribuer. Nous reconnaissons que, dans une certaine mesure, l'exercice du pouvoir requiert que l'État dicte les règles du jeu en matière d'économie et qu'il intervienne à l'occasion dans les affaires économiques. Nous savons aussi que les affaires économiques finissent toujours par s'immiscer dans la fonction de gouvernement, parfois d'une manière qui va à l'encontre de l'intérêt du public, en matière de politique étrangère, par exemple, et parfois d'une manière qui en est indissociable, la formulation de la politique économique en étant le principal exemple.

Nous avons parfois tendance à oublier que cette dualité de domaines, avec ses limites relativement floues, ne se retrouve pas dans les sociétés non capitalistes. Dans les socialismes articulés autour d'une planification centralisée, on ne retrouvait bien sûr qu'un seul domaine, si l'on excepte les conspirations paysannes et un minuscule «secteur» de commerce ambulant. Il est encore plus important de relever l'existence d'un seul domaine même dans des sociétés aux allures capitalistes comme la Grèce antique, avec son commerce international florissant, Rome, qui offrait jusqu'à une sorte de bourse des valeurs en plein Forum, ou la Florence du XVIe siècle, avec sa vie opulente. La raison en était qu'il n'existait aucune limite juridique à l'autorité de l'État en matière de gouvernement. Jamais Aristote, Cicéron ou Machiavel n'aurait pu imaginer que l'approvisionnement matériel de la société, abandonné volontiers aux intérêts des agriculteurs, des artisans et des commerçants, ne se trouve au bout du compte sous l'égide de l'État. Si ce dernier ne s'immisçait guère dans ces activités, c'est parce qu'il avait mieux à faire, par exemple la guerre ou la célébration de sa propre majesté, et parce que ces activités économiques étaient suffisamment entrées dans la routine, la douce routine, pour être laissées à elles-mêmes. Donc, pour en revenir à un thème qu'on retrouve en filigrane dans cet ouvrage, il n'y avait pas, dans les sociétés précapitalistes, d'ensemble d'activités assimilable à une «économie» pour les mêmes raisons qu'il n'existait pas de «science économique». Certes, toutes les activités nécessaires à la production et à la distribution étaient en évidence, mais elles ne se démarquaient en aucune façon de leurs fonctions sociales et politiques plus vastes.

Comme nous l'avons déjà vu, cette séparation devient apparente dans les décombres politiques de l'Empire romain. On y assiste à l'ascension de la classe commerçante qui, après avoir assumé une présence utile mais incongrue dans le paysage médiéval, accède au rang d'*état* social capable de se dresser d'abord devant la classe aristocratique, puis de lui infliger la défaite. Cette fois-ci, cependant, je voudrais souligner un autre aspect de ce changement social déterminant et attirer l'attention sur la double conséquence politique de ce processus de gestation économique. D'une part, on a assisté à la naissance d'un véritable domaine de pouvoir et d'autorité dans un réseau de fermes, de fabriques et de relations commerciales qui, pour la première fois, se voyait comme échappant à la juridiction de l'État et capable de gérer ses propres affaires avec un minimum d'encadrement ou de restrictions politiques — une sorte d'État dans l'État. D'autre part, ce domaine économique nouvellement constitué n'était pas du tout prêt à rompre ses liens étroits — briser sa dépendance même — avec l'ancien domaine politique.

Nous assistons donc à l'émergence d'une organisation sociale caractérisée tout à la fois par sa division et par son union. Manifestement, le principal problème posé par une division de l'autorité était de déterminer les responsabilités propres à chacun des deux domaines et, comme d'habitude, Adam Smith a bien cerné la question dans sa louange de la Société de la parfaite liberté. Il commence en soulignant l'indépendance nouvellement acquise de sa «moitié» économique:

> Tout homme, tant qu'il n'enfreint pas les lois de la justice, demeure en pleine liberté de suivre la route que lui montre son intérêt, et de porter où lui plaît son industrie et son capital, concurremment avec ceux de toute autre classe d'hommes. Le souverain [...] se trouve entièrement débarrassé d'une charge qu'il ne pourrait essayer de remplir sans s'exposer infailliblement à se voir sans cesse trompé de mille manières, et pour l'accomplissement convenable de laquelle il n'y a aucune sagesse humaine ni connaissance qui puissent suffire, la charge d'être le surintendant de l'industrie des particuliers, de la diriger vers les emplois les mieux assortis à l'intérêt général de la société.

Tout de suite après, cependant, Smith décrit trois devoirs «de haute importance» qui incombent toujours à l'État. Il s'agit tout d'abord de «défendre la société de tout acte de violence ou d'invasion»; deuxièmement, de «protéger, autant qu'il est possible, chaque membre de la société contre l'injustice ou l'oppression de tout autre membre»; et, troisièmement, «d'ériger et d'entretenir certains ouvrages publics et certaines institutions, que l'intérêt privé d'un particulier ou de quelques particuliers ne pourrait jamais porter à ériger ou à entretenir, parce que jamais le profit n'en rembourserait la dépense à un particulier ou à quelques particuliers, quoique à l'égard d'une grande société, ce profit fasse beaucoup plus que rembourser les dépenses[23].»

Comme d'habitude, Smith impressionne par son impartialité. *La richesse des nations* consiste, en grande partie, en une polémique contre l'entêtement de «l'Europe» à refuser de reconnaître l'autonomie dont peut faire preuve une société orientée par le marché. Smith s'élève contre les monopoles royaux et se répand en injures contre les «impertinences» de fonctionnaires touche-à-tout qui cherchent à faire passer leur propre intérêt avant les besoins du

---

23. Adam SMITH, *Richesse des nations*, livre 4, chapitre 9. L'auteur du présent ouvrage a légèrement modifié la ponctuation pour en faciliter la lecture.

marché. Pourtant, ce désir impératif de lâcher la bride à l'industrie privée et au capital privé ne l'empêche pas de reconnaître le rôle indispensable que le gouvernement doit jouer. De plus, en décrivant ses tâches de façon large et en termes fonctionnels, Smith n'impose nullement de limites étroites à ce rôle. Si nous ajoutons un peu de substance aux trois responsabilités publiques énoncées ci-dessus, nous obtenons d'abord les ministères de la défense et les autres ministères, avec leurs réseaux d'influences politico-économiques diverses, les systèmes nationaux d'ordre public avec leurs tribunaux, leurs forces policières et leurs prisons, et la nécessité «d'ériger et de maintenir» ce que nous pourrions appeler l'infrastructure nationale, ce qui comprend à n'en point douter l'éducation, que Smith tient en haute estime. S'il ne s'agit assurément pas là d'un État-providence, question que nous examinerons bientôt, il ne s'agit pas non plus, par quelque effort d'imagination, d'une sorte d'anarchie capitaliste.

II

Les deux domaines du capitalisme établissent le cadre de sa vie politique. Car tous deux sont motivés par des impératifs différents, dont la coexistence est tantôt facile, tantôt difficile. Le besoin d'accumuler qui donne son énergie au domaine privé nous est à présent familier. Mais, dès ses tout débuts, l'État a eu lui aussi ses propres motivations — ses raisons d'État — qui non seulement ont servi de lignes d'orientation aux dirigeants et à leur entourage mais ont exercé une sorte de champ magnétique capable d'attirer des individus de toutes les classes sociales. Sans doute l'impératif a-t-il pris différentes tournures selon le lieu et l'époque, mais toutes présentaient un dénominateur commun — analogue et peut-être identique au niveau de nos motivations inconscientes, l'accent étant placé sur le comportement économique. Cet impératif politique, c'est l'affirmation de l'identité nationale elle-même, la perpétuation et, si possible, le renforcement de la puissance et de la gloire nationales. L'impératif dans son ensemble, avec son apparat et ses célébrations de l'affirmation nationale et de sa religion patriotique séculaire, doit chercher sa propre explication dans le même genre de fantasmes enfouis que ceux qui ravivent l'inextinguible soif de richesse. Sinon, comment expliquer le phénomène des foules massées le long des rues pour apercevoir leur dirigeant national, celui de l'abandon extatique de soi à la mystique patriotique, ou celui de la folie guerrière collective?

Il nous suffit de poser les impératifs respectifs des deux domaines pour constater qu'en dépit de la dualité de leurs missions, il existe entre eux de profondes affinités. Le domaine du capital ne peut remplir sa fonction d'accumulation sans le soutien complémentaire de l'État, comme viennent de s'en apercevoir les États-Unis après plus d'une décennie de tolérance face à la détérioration de leur infrastructure matérielle et scolaire. Le revers de la médaille est que le gouvernement compte sur la santé de son économie pour retirer les revenus dont il a besoin afin d'atteindre ses propres objectifs, presque tous coûteux.

Dans cette dépendance mutuelle, le domaine du capital détient normalement le haut du pavé. C'est bien l'État qui contrôle les armes les plus puissantes. On dit que le pouvoir d'imposition est aussi un pouvoir de destruction, mais la simple capacité de lever des impôts perdrait tout son sens si l'économie ne fonctionnait pas adéquatement, car on dit aussi qu'on ne saurait tirer de l'huile d'un mur. D'ordinaire, donc, le premier souci de l'État est d'apporter son soutien à l'accumulation de capital. Loin de barrer la voie au secteur privé, le gouvernement lui a fait de la place pour lui permettre d'entrer. Ce n'est pas par faiblesse, mais bien pour des raisons qui concernent son propre intérêt que les affaires du gouvernement sont des affaires, comme l'a si bien résumé Calvin Coolidge.

Pour achever notre tour d'horizon sur cette question de la convergence normale des intérêts, il convient de noter que la relation existant entre ces deux domaines s'est modifiée à mesure que la structure technologique et institutionnelle du capitalisme a modifié sa dynamique. À l'époque de Smith, beaucoup de gens assimilaient encore le rôle de l'État aux opinions et aux intérêts des aristocrates et n'avaient qu'une vague idée du rôle qu'il devait jouer dans l'économie de marché alors en émergence. Au moment de sa parution, *La richesse des nations* a été pour le gouvernement un manuel des plus utiles. Au milieu du XIXᵉ siècle, partout le gouvernement était ouvertement associé à la promotion des intérêts de la bourgeoisie au pays comme à l'étranger — il prit *Le capital* pour exposé. À notre époque, la relation entre la politique et l'économie a encore évolué depuis que l'État s'approprie des fonctions dont il a besoin pour protéger l'économie contre les conséquences de plus en plus néfastes susceptibles de résulter d'une évolution non contrôlée du marché: les prestations d'assurance-chômage et de sécurité sociale sont des exemples de cette réorientation du rôle de l'État.

Nous reviendrons bientôt sur l'interaction actuelle entre l'État et l'économie, mais il me faut apporter une nouvelle précision. Quand la souveraineté nationale est en danger, l'aide du capital ne se fait pas attendre. Et cela n'est pas dû aux mêmes considérations que celles qui poussent le gouvernement à soutenir l'entreprise. Certes, le domaine public dépérira si les besoins du domaine privé ne sont pas satisfaits, mais il est peu probable que l'existence du domaine privé soit mise en danger à la suite des revers politiques que peut subir le domaine public — l'ordre capitaliste a survécu à bien des revers en politique, y compris à l'arrivée au pouvoir de soi-disant partis socialistes En réalité, il a même survécu aux défaites militaires au cours des deux guerres mondiales. Si le secteur des affaires se précipite au secours du gouvernement, c'est donc davantage pour des raisons de patriotisme et peut-être aussi de profit que pour défendre des principes. On peut sans doute résumer le tout en affirmant que le monde des affaires soutient le gouvernement dans les cas d'urgence, tandis que le gouvernement soutient le monde des affaires en temps ordinaire.

III

Si là s'arrêtaient les relations entre politique et capitalisme, cela ne constituerait guère plus que l'ajustement mutuel de ces objectifs différents mais non contradictoires. Au pire, cela soulèverait des problèmes du genre de ceux que Smith laisse entrevoir dans ses exemples — problèmes qui résultent d'interventions gouvernementales entravant la capacité d'adaptation et la souplesse qui caractérisent la Société de la parfaite liberté d'un point de vue économique, et qui résultent aussi de la tendance correspondante du monde des affaires à rechercher des avantages politiques susceptibles de diminuer l'énergie potentielle d'un système de marché concurrentiel.

Il ne s'agit certes pas là de conflits d'intérêts sans grande importance. Qu'il suffise de penser, par exemple, aux luttes qu'ont connues les États-Unis dans les vingt-cinq dernières années du XIXe siècle lorsqu'il s'est agi de refréner l'attitude des magnats du monde des affaires, ou aux conflits plus actuels entre le gouvernement et le monde des affaires autour du choix opposant les considérations écologiques, d'une part, et les profits, de l'autre. Quoi qu'il en soit, ces conflits font partie de la politique quotidienne dans tout système industriel. Au départ, ils ne diffèrent en rien, tant par leur origine que par leurs manières de les résoudre, des divergences d'intérêts entre planificateurs et gestionnaires de l'ex-Union soviétique. On ne peut dire la même chose de deux autres questions, résultant toutes deux du processus auquel nous revenons sans cesse lorsque nous parlons de la source de la vitalité du système capitaliste — l'accumulation du capital. Comme nous le verrons, cependant, ces conflits impliquent des aspects, ou des conséquences, de ce besoin que nous n'avons pas examinés jusqu'ici.

Le premier de ces aspects nous amène à considérer l'accumulation de capital elle-même sous un angle qui ne nous est pas familier, celui de l'aire géographique sur laquelle s'étend la recherche des ressources, de la main-d'œuvre et des marchés qui constituent les éléments de base du processus de production de capital. Et dès que nous avons cette idée en tête, une constatation s'impose: la portée économique du capital est incommensurablement supérieure à la portée politique des entités nationales à partir desquelles il opère. L'accumulation de capital s'effectue sur une échelle internationale — ou, plus précisément, sur une échelle transnationale qui situe le capital «au-dessus» des États-nations à partir desquels ils opèrent. Enjambant les frontières de ces États-nations, le processus de conversion des biens et services en argent et d'argent en quantité supérieure de biens et services ressemble à un défilé incessant de véhicules économiques sur un pont soutenu par des piliers constitués de mines, d'usines, de bureaux et de centres de recherche situés en divers endroits du monde.

Ce défilé transnational est devenu gigantesque. Selon une étude menée récemment par le Centre des Nations-Unies sur les sociétés transnationales, le chiffre d'affaires combiné des trois cent cinquante plus grandes sociétés transnationales représentait, en 1985, le tiers du produit national brut combiné de tous les pays industriels et dépassait celui de tous les pays en développement, y compris la Chine. Nous voilà en quelque sorte en présence d'une économie mondiale au sein de l'économie mondiale. Et, ce phénomène exerce une nouvelle pression sur le sempiternel problème politique de l'interrelation entre les deux domaines du capitalisme. Depuis leurs premiers balbutiements, toutes les économies capitalistes ont tiré profit de différences dans les coûts pratiqués sur le plan international — particulièrement ceux de la main-d'œuvre — comme source principale de capital. Un jour, Keynes a calculé que le trésor rapporté par Sir Francis Drake sur le *Golden Hind* [24], en tenant compte des intérêts composés actuels, équivalait à toute la richesse de la Grande-Bretagne d'avant la Première Guerre mondiale. Et jusque dans les années soixante-dix, la principale source d'accumulation de capital dans le monde était l'achat de pétrole aux pays sous-développés pour une bouchée de pain.

Il ne faut cependant pas confondre les liens commerciaux internationaux avec les liens transnationaux. Ces derniers impliquent davantage que la simple extraction de biens à bon marché d'un pays pour les revendre dans un autre, plus développé. Ils supposent aussi un réseau d'activités de production, de recherche et de commercialisation réparties dans un grand nombre de pays, certains étant développés et d'autres non. C'est ainsi que le modèle le plus populaire de Chrysler, une société «états-unienne» est fabriqué au Canada; que les Honda, des voitures «japonai-

---

24. John Maynard KEYNES. *A Treatise on Money*, vol. 2, Londres, Macmillan, 1953, p. 156-157.

ses» sont faites aux États-Unis; que Pepsi-Cola possède cinq cents usines situées dans une centaine de pays; que les sociétés Philips, Asea-Brown Boveri et Electrolux, qui font toutes partie du club des trois cent cinquante multinationales, ont une envergure beaucoup trop grande à bien des égards pour s'inscrire dans le cadre de leurs économies «nationales» néerlandaise, suisse ou suédoise.

Il émerge de ce modèle de production sans cesse plus global, une remise en question de la relation traditionnelle entre l'économie et l'État. Le système de marché mondial déborde de l'autorité politique de n'importe quel gouvernement pris isolément. Confrontés à un réseau de relations qui échappe à leur surveillance ou à leur pouvoir de réglementation, les gouvernements nationaux sont de moins en moins aptes à affronter les problèmes causés par les intrusions de l'économie mondiale sur leurs territoires, dont le déplacement des emplois vers les pays aux salaires peu élevés n'est certes pas le moindre. Pire encore, l'intensité de ces intrusions ne cesse de croître alors que la capacité de défense de l'État demeure, pour l'essentiel, statique. On constate donc l'émergence d'un déséquilibre fondamental entre les deux fonctions qui sont distinctes dans le capitalisme, et ce déséquilibre accroît le risque de voir apparaître des situations d'instabilité pour lesquelles on ne connaît pas de remède.

IV

Une deuxième tension, d'une portée tout aussi grande que la première, remet également en question la structure des deux domaines: il s'agit de la relation existant entre l'économie de l'expansion et la paix politique nationale qu'apporte le système. Nous avons déjà vu de quelle façon l'Angleterre élisabéthaine a été troublée par la clôture des communaux qui a marqué les débuts du processus d'accumulation. Cette agitation s'est perpétuée, avec une intensité politique croissante, quoique non révolutionnaire, pendant tout le XIXᵉ siècle et pendant les quelque trente premières années du XXᵉ siècle. À l'exception de quelques gestes de conciliation, dont l'introduction, par le Chancelier Bismarck, de la première législation portant sur la sécurité sociale, les gouvernements ont répondu à cette menace par des mesures législatives et des règlements à caractère répressif. Pour une bonne part, il s'agissait certes là de l'expression d'une hostilité entre classes et d'une crainte, mais aussi, dans une moindre mesure, d'une réaction d'indifférence ou d'inertie. Il ne fait aucun doute cependant que, parmi les éléments qui ont contribué à cette évolution, il y avait la conviction que le gouvernement était démuni face au problème de l'instabilité économique, tout ce qu'il pouvait faire étant de laisser le système retrouver sa vitalité «naturelle». L'intervention politique était non seulement contraire à la nature des choses mais inutile par surcroît.

Les années trente sont venues bouleverser tout cela et la deuxième moitié du vingtième siècle a de nouveau tout changé, ce qui nous a entraîné dans l'impasse politique qui constitue l'un des signes distinctifs du capitalisme actuellement. C'est la grande dépression qui, en réduisant de plus d'un tiers le produit national brut dans de nombreux pays et de moitié dans d'autres, en portant le taux de chômage à vingt-cinq pour cent de la main-d'œuvre aux États-Unis et en provoquant une réduction du volume du commerce international pendant cinquante-trois mois consécutifs, a amorcé les premiers changements. Il ne fait aucun doute que le capitalisme se trouvait alors en plus grand danger de renversement ou d'effondrement qu'à n'importe quel moment durant la vie de Marx. Et de fait, en Allemagne, en Italie et en Espagne, il a fait place à une espèce de système bâtard fondé, en partie, sur le besoin d'accumulation et sur certains mécanismes de marché, mais qui détruisit en grande partie la répartition en deux grands domaines. Ce système bâtard, c'était le fascisme, et le changement apporté dans la relation entre les deux grands domaines consistait en une subordination de l'économie à l'État.

Comme nous le savons tous, les années trente représentent également une période durant laquelle le capitalisme a subi de profonds changements dans les pays qui n'ont pas connu cette subordination. Comme dans le cas du fascisme, les changements ont comporté une expansion du rôle du domaine public, à une différence essentielle près: dans l'État fasciste, une sorte de toile uniforme d'autorité a de nouveau été créée, tandis que, dans les pays démocratiques, le changement a pris la forme d'un nouveau «devoir» qui est venu s'ajouter aux trois autres répertoriés par Adam Smith.

Ce nouveau devoir consistait dans la recherche de ce qu'on a appelé le plein-emploi. C'est très différent d'une subordination du secteur privé aux ambitions du secteur public, car le rôle accru de l'État ne lui permettait pas, loin de là, de guider les activités du secteur privé, et encore moins de les reprendre à son compte. Le plein-emploi signifiait simplement porter la croissance économique à ses limites maximales. John Maynard Keynes, dont *La théorie générale de l'emploi, de l'intérêt et de la monnaie*, publiée en 1936, était la Grande Charte du changement, prévoyait en réalité d'une «socialisation assez large» pour sauver le capitalisme du danger du chômage chronique. Cependant, cette fonction élargie de l'État fut rendue aussi apolitique que possible par le soutien affirmé de Keynes envers le capitalisme et son aversion aussi affirmée envers le socialisme. Le changement de structure qu'il réclamait n'avait donc pour but que de compléter les activités d'accumulation du secteur privé en assurant un niveau suffisamment élevé de dépenses nationales. Keynes ne pensa même pas à utiliser la plus grande part de ces dépenses, réservée au secteur public, pour assurer des investissements publics, par exemple des infrastructures. Avec une ironie à peine dissimulée, il écrivit que, s'il n'était pas facile de trouver des débouchés intelligents pour les investissements publics, on atteindrait tout aussi bien son but en demandant à la Trésorerie d'emplir de billets de banque des vieilles bouteilles, de les enfouir dans des mines désaffectées et d'autoriser l'entreprise privée à les extraire[25].

L'ordonnance de Keynes fut-elle la cause de la remarquable expansion qui suivit la fin de la Deuxième Guerre mondiale? On ne peut certes lui attribuer le crédit de la transformation qui caractérisa cette croissance exceptionnelle. Comme dans toute longue période de prospérité, les progrès technologiques stimulèrent l'investissement dans de nouveaux domaines, comme les centrales nucléaires, les avions à réaction et l'informatique. Autre facteur aussi important, sinon plus, les changements institutionnels stimulèrent la demande, particulièrement la nouvelle manne de revenus provenant des régimes d'épargne-retraite et des prestations d'assurance-chômage. Tout comme on ne peut attribuer au keynésianisme le crédit du fondement techno-

---

25. John Maynard KEYNES, *Théorie générale de l'emploi, de l'intérêt et de la monnaie,* Paris, Payot, 1963 (traduit de l'anglais par Jean de Largentaye), p 147.

logique de la reprise, on ne peut en faire non plus une source de transformation institutionnelle en soi-même.

Par contre, ce qu'on peut attribuer à juste titre au keynésianisme, c'est une logique justifiant l'utilisation du domaine public d'une façon dont on n'avait jamais osé rêver auparavant, comme un organisme fiscal du système capitaliste, avec la responsabilité minimale de prévenir le chômage massif, et la responsabilité maximale d'atteindre le plein-emploi. Comme nous le verrons, cette deuxième responsabilité a posé bien plus de problèmes que la première. Il ne fait cependant aucun doute que la première a été assumée avec énormément de succès. Aux États-Unis, par exemple, les dépenses gouvernementales à toutes fins n'atteignaient que 10% du PNB en 1929, et peut-être 15% en 1935. Dans les années 1970, cette proportion était passée à plus de 30%, principalement en raison des prestations de sécurité sociale, d'assurance-maladie et autres programmes semblables. En Europe, cette transformation alla même plus loin: dans les années 1970, les dépenses publiques approchaient, dans de nombreux pays, la moitié du PNB et, dans certains cas comme en Suède, la dépassaient. Que la croissance d'après-guerre soit attribuable ou non à l'adoption des politiques économiques keynésiennes, il ne fait aucun doute que l'État-providence qui en concrétisa les objectifs de lutte contre la dépression leur devait son existence.

Le succès de l'économie keynésienne eut cependant une fin. Car un nouveau défi se présentait alors, résultat direct du succès de l'État-providence lui-même. Ce défi résultait de l'effet de la prospérité prolongée sur le pouvoir de négociation de la main-d'œuvre. Même si l'on observe des différences entre les pays, la position sociale de la main-d'œuvre passa de celle d'un groupe passif et fort peu syndicalisé, heureux de trouver des occasions d'emploi et incapable de présenter des revendications salariales teintées de militantisme, à celle d'un négociateur bien organisé et généralement militant. À mesure que le marché de la main-d'œuvre se durcissait, tous les pays industrialisés commencèrent à sentir l'immense pression exercée par l'augmentation des salaires par rapport au niveau des prix. À la fin des années 1970, l'augmentation du coût de la vie était de cinq à dix fois plus rapide qu'au début des années soixante. Après 1973, année où le cartel pétrolier vint ajouter le «choc pétrolier» à la «poussée des coûts» provoquée par le marché du travail, la plupart des pays capitalistes du monde occidental connurent un taux d'inflation supérieur à 10%[26].

L'avènement de l'inflation, alors que l'on venait de remporter une apparente victoire sur la dépression,

---

26.   John CORNWALL, *The Theory of Economic Breakdown*, Cambridge, MA, Basil Blackwell, 1990, p.40.

provoqua le deuxième changement radical de la politique capitaliste. À première vue, il s'agissait d'un passage à des politiques favorisant la stabilisation du système plutôt que son expansion. Les pays se mirent à avoir fréquemment recours à des taux d'intérêt élevés, un fléau pour le système économique keynésien en raison de leur effet dépressif sur l'emploi, précisément parce qu'une économie qui stagne, avec tous les problèmes que cela impliquait, développait une pression inflationniste moindre qu'une économie en expansion. On atteignit une sorte d'apogée quand les taux d'intérêt à court terme aux États-Unis franchirent pour la première fois dans l'histoire la barre des 20%, à la suite d'une campagne ininterrompue et, en fin de compte, fructueuse de la part de la Réserve fédérale en vue de contrôler la spirale inflationniste. Cela coïncida avec l'abandon du plein-emploi comme principal objectif de la politique économique nationale. Alors que l'inflation devenait l'ennemi public numéro un en économie, les niveaux de chômage «acceptables» — c'est-à-dire visés — passèrent des deux à trois pour cent préconisés par les administrations américaines des années 1960 à cinq et six pour cent dans les années 1980. Tous les pays capitalistes firent ouvertement preuve d'un changement de niveau de tolérance semblable dans leurs politiques fiscales et monétaires.

V

Quel a été l'impact ultime du système économique keynésien sur la politique capitaliste? En fait, le sens réel de cette question est le suivant: dans quelle mesure la politique d'intervention «keynésienne» a-t-elle permis de maintenir la vitalité du système?

La réponse à cette question est loin d'être simple. En dépit des opinions politiques modérées de Keynes lui-même, on a tout d'abord considéré sa théorie économique comme une critique radicale du capitalisme en raison des doutes explicites qu'elle contenait quant à la capacité du secteur privé à résister tout seul aux pressions en l'absence de soutien extérieur. Il est possible de voir aujourd'hui le keynésianisme de la première heure sous un jour nouveau, comme un puissant moyen de renforcer la stabilité économique et, donc, de modérer le caractère politique du système. Il faut ajouter à cela que, à mesure que la croissance d'après-guerre se poursuivait, il devenait de plus en plus difficile d'intéresser une main-d'œuvre relativement satisfaite à rechercher des correctifs de grande envergure dans une organisation sociale très satisfaisante. Même dans les pays, comme la Suède, où l'on mit en œuvre des politiques de répartition substantielle de revenus et de bénéfices sociaux, ces mesures «socialisantes» avaient toujours pour but de mettre à l'épreuve les limites extrêmes du capita-

lisme libéral, et non de mettre le pied sur le terrain maré-
cageux d'une société post-capitaliste révolutionnaire. Et
cette tendance conservatrice est devenue encore nettement
plus évidente dans la seconde phase de l'évolution du
monde d'après-guerre. Alors que le keynésianisme, après
avoir connu le succès, donnait lieu à une inflation chronique et endémique, le poids de la politique anti-inflation des
gouvernements se faisait nettement sentir davantage du
côté de la main-d'œuvre que de celui du capital. Donc, en
dépit de sa réputation, il semble que le système économique keynésien ait eu pour effet, dans sa forme précoce
comme dans sa forme finale, de renforcer les intérêts du
capital plutôt que de les miner et ait par conséquent servi
des fins politiques conservatrices plutôt que radicales.

J'ai cependant dit qu'à mon avis, l'effet politique du
keynésianisme n'était pas facile à évaluer. Car, s'il existe
une conviction incontournable dans le conservatisme, c'est
bien que le système dans son ensemble fonctionne le mieux
quand la contrainte gouvernementale est la moindre. Et
nous constatons exactement le contraire, aussi bien dans le
keynésianisme à son apogée qu'à son déclin. Dans le premier cas, on peut considérer que le gouvernement est responsable de la croissance; dans le deuxième, c'est lui qui
est responsable de mettre un terme à l'inflation. À chacune
des deux périodes, la conviction commune — exprimée
dans le langage de l'action et non de la rhétorique politique

— était que le gouvernement détenait la clé de l'avenir, et que s'il ne parvenait pas à s'en servir, il compromettrait gravement les perspectives de cet avenir.

Il ne s'agit pas ici de conservatisme, mais bien de l'expression d'une conscience que l'ordre économique du système est lié de façon plus étroite, dépendante même, à l'organisation politique qu'on le croyait. En un mot, nous assistons à la politisation accrue du capitalisme, pour le meilleur ou pour le pire. Dans notre dernier chapitre, nous nous pencherons sur les implications à long terme de ce changement.

VI

J'ai gardé pour la fin un aspect de la politique du capitalisme qui, au premier abord, semble très loin de l'interaction des deux domaines sur laquelle nous avons centré notre attention. Cet aspect est celui de l'étude des façons selon lesquelles les institutions centrales du système se rattachent à l'idée de liberté, ce qui nous amène très rapidement à nous pencher sur ce que peuvent être ces institutions centrales. Une fois arrivés à ce stade, nous ne surprendrons certes personne si nous revenons une fois encore au besoin de capital, qui est l'élément moteur du système.

Existe-t-il un lien quelconque entre ce besoin et la jouissance de la liberté? Un des arguments qui reviennent sans cesse est qu'en elle-même, la poursuite de la richesse est l'expression d'une liberté absolument fondamentale, sur laquelle se fondent toutes sortes de libertés. C'est John Locke qui, le premier, a décrit cette liberté fondamentale dans son ouvrage célèbre, *Traité du gouvernement civil*, qui a été publié en 1690*: il s'agit du droit de propriété des individus sur leur propre corps et, par extension mineure, sur le travail exécuté par ce corps. Dans la foulée de Locke, Adam Smith parlait de «la plus sacrée et la plus inviolable de toutes les sortes de propriété[27]». Partant de cette affirmation initiale concernant le droit des individus à exercer un contrôle sur leur propre travail, Locke en arrivait à justifier la propriété privée des choses de la nature que les individus s'appropriaient par leur travail; par extension, mineure en apparence, mais en fait majeure, il parvenait à justifier la propriété des choses que leurs «serviteurs» s'appropriaient pour eux. Le droit à un certain contrôle sur son propre travail détermine donc, aux yeux

---

* La traduction française de cet ouvrage publiée à Paris chez Flammarion en 1984 reprend le texte de la cinquième édition de Londres (1728), publié à Paris dans une traduction de David Mazel en l'an III de la République (1795). *N d T.*

27. ADAM SMITH, *Richesse des nations*, tome I, p. 198.

de Locke, la zone de liberté esentielle qui assure à l'individu une protection contre l'ingérence arbitraire de la société. Comme l'a démontré C.B. Macpherson, l'argument de Locke permet d'étendre cette conception de la liberté à «l'individualisme possessif», qui devient alors la charnière d'une société fondée sur la thésaurisation[28]. Par conséquent, le capitalisme lui-même apparaît comme un ordre social qui est à la fois l'incarnation et l'expression de la liberté.

Il est facile de rejeter ce lien entre la liberté et le droit d'acquérir des richesses sous prétexte qu'il ne s'agit que d'un privilège qu'on présente fièrement comme de la moralité; et il n'y a rien d'extraordinaire à dévoiler les oppressions et les restrictions à la liberté qui ont été imposées au nom des «droits» de propriété résultant de cette perception de la liberté. Je n'en proposerai pas moins une plus grande réceptivité à la notion d'un lien entre la liberté et le droit de possession sur le travail effectué par notre corps et, dans une certaine mesure — et cette restriction est importante — aux richesses résultant de ce travail. Plus précisément, je soutiens que la liberté requiert l'existence d'une organisation sociale dans laquelle le domaine économique est

---

28.   C.B. MACPHERSON, *La théorie politique de l'individualisme possessif de Hobbes à Locke*, Paris, Gallimard, 1971 (traduit de l'anglais par Michael Fuchs).

séparé du reste, et que, jusqu'à présent, seul le capitalisme a permis d'y parvenir.

Et nous voici confrontés au fait indéniable qu'aucun pays non capitaliste n'a pu atteindre les niveaux de liberté politique, civile, religieuse et intellectuelle que l'on retrouve dans tous les capitalismes évolués. Pour présenter la situation de façon différente, disons que jusqu'à présent, l'état de liberté politique explicite que nous appelons, de manière abusive, «démocratie» n'a pu prendre racine que dans les pays dont le mode d'organisation économique est le capitalisme.

Ce qui importe, c'est l'argument qui supporte cette relation. On ne peut avancer que la recherche de capital nourrit l'état d'esprit des amoureux de la liberté. C'est davantage la présence d'une économie au sein d'un régime qui apporte un soutien inestimable à la liberté en permettant à des dissidents politiques de vivre leur vie sans que l'État tout-puissant ne vienne leur mettre des bâtons dans les roues. Il ne fait aucun doute que les garanties constitutionnelles représentent les fondements de toutes les sortes de libertés; pourtant, l'existence d'un domaine privé dans un État qui, sinon, englobe tout le reste est l'équivalent d'un pays suisse neutre où les réfugiés de toute sorte peuvent trouver la sécurité.

Bien entendu, ce refuge est loin d'être parfait. Souvent, l'économie répugne à accueillir des individus considérés comme des ennemis de l'organisation sociale — intellectuels subversifs, politiciens radicaux, etc. La disponibilité des emplois privés ne permet que de façon très imparfaite aux dissidents de se faire impunément apôtres de leurs doctrines impopulaires. Plus énorme encore est l'excuse universelle qu'offre la propriété pour justifier les abus de pouvoir économique ou la vulgarisation de la thésaurisation. On n'a jamais pu trouver la moindre corrélation entre le degré de thésaurisation sans entraves et le niveau de libertés politiques. Et pourtant, on ne peut perdre de vue le danger qui plane sur la liberté dans les pays où il n'existe pas de territoire tampon appelé économie. De par sa constitution même, le capitalisme garantit ce territoire neutre typiquement suisse.

4

LE SYSTÈME
DE MARCHÉ

I

De nos jours, nous avons tendance à assimiler le capitalisme au «marché», particulièrement quand il est question des habitants de régions du monde où le terme «capitalisme» demeure suspect. Le nom que nous donnons aux choses importe d'ordinaire assez peu. Dans ce cas-ci, le choix des termes fait toute la différence. Car si les marchés font bien partie du capitalisme, ce ne sont cependant que des éléments de ce dernier, et la différence entre les deux est énorme. Il aurait été facile d'expliquer aux anciens du village de notre premier chapitre ce que sont les marchés, car il en existe sans doute dans chacun de leurs villages. Il nous a été extrêmement difficile de leur expliquer à quoi ressemblerait une société dans laquelle les marchés engloberaient tous les aspects de la vie économique, jusqu'au choix des tâches que chacun doit accomplir, car nous ne saurions retrouver nulle part dans leur pays ce genre de «système de marché». Et même ce genre de système de marché ne constitue qu'un élément du capitalisme. Comme le découvrent avec consternation les citoyens de l'ex-Union soviétique, si l'expression «système de marché» signifie la fin des files interminables devant les boulangeries qui faisaient partie des fléaux d'un système de contrôle centralisé, elle signifie aussi l'introduction d'une nouvelle file d'attente — devant les bureaux d'emploi cette fois.

Le capitalisme constitue donc une entité plus vaste et plus complexe que le système de marché que nous considérons comme son équivalent. De plus, un système de marché est à son tour plus vaste et plus complexe que les innombrables rencontres entre acheteurs et vendeurs qui en sont le noyau. Le système de marché est la principale façon de lier et de coordonner le tout, mais les marchés ne sont pas la source des énergies du capitalisme, pas plus que la bifurcation de l'autorité qui le distingue. Ce sont les canaux permettant la circulation des énergies du système, et le mécanisme permettant au domaine privé d'organiser ses tâches sans intervention directe du domaine public. Cela signifie que nous devrons, dans ce chapitre, dégager les éléments de l'ensemble, étudier le fonctionnement de ce remarquable mécanisme tout en gardant à l'esprit que l'objet de notre recherche est le destin de l'organisation sociale au sein de laquelle le marché exerce ses puissantes forces d'intégration et de désintégration.

On ne parle guère, de nos jours, de la Main invisible, la merveilleuse métaphore qu'avait trouvée Adam Smith pour traiter du système de marché. La présence de celui-ci est bien trop manifeste pour que l'expression convienne, que ce soit sous la forme de manœuvres de la part des sociétés ou de publicité criarde. Mais le «marché» s'est mérité l'admiration et le respect à un niveau qui n'aurait certes pas déplu à Smith; et cela est, sans le moindre doute, directement attribuable à la catastrophe économique qui a frappé l'Union soviétique. Dans l'ex-URSS, pratiquement les seuls biens dont l'offre correspondait à la demande étaient les productions très particulières des ministères de la Défense. Ce n'était pas le cas, loin de là, des biens ordinaires, en particulier de ceux destinés à la consommation. La façon de «magasiner» des consommateurs russes consistait à réagir à la rumeur voulant qu'il y ait eu arrivage de chemises chez le tailleur de la rue Tchekhov ou production de pain à la boulangerie d'État de la perspective Tolstoï. Souvent, il manquait des boutons aux chemises et de la farine dans le pain. La situation se corsait encore lorsque certaines catégories de biens, les fournitures d'hôpitaux par exemple, se faisaient tellement rares que les taux de mortalité dans ces établissements connaissaient une hausse subite, ou lorsqu'il devenait tellement difficile de se procurer des pièces de rechange dans les usines qu'il était plus simple de les fabriquer soi-même, ou encore lorsque les biens destinés à l'exportation étaient fondés sur une technologie tellement dépassée qu'on ne pouvait les expédier qu'à des «partenaires» commerciaux asservis. En fin de compte, le château de cartes de l'économie soviétique s'est écroulé en raison d'un manque de micro-organisation[29].

À la lumière de l'expérience soviétique — la situation se réflétant plus ou moins fidèlement dans tous les pays de l'Europe de l'Est, en Chine et à Cuba — il ne faut pas s'étonner que le système de marché jouisse aujourd'hui d'une réputation qui frise la vénération. Il existe de nos jours un vaste consensus, y compris parmi les économistes d'orientation socialiste, sur le fait que, quelle que soit la forme que les sociétés avancées du XXIe siècle prendront, un système de marché en constituera le principal mécanisme de coordination. La situation a bien changé en une génération seulement, puisque la majorité des économistes voyait alors le fondement de l'avenir de la coordination

---

29. On trouvera un excellent aperçu chez Nicholai SHMELEV et Vladimir POPOV, *The Turning Point*, Garden City, N.Y., Doubleday, 1988, p 75.

économique dans la diminution de la taille du marché et le renforcement d'une quelconque forme de planification centralisée. Pour des raisons que je vais m'efforcer d'expliquer, je crois à un retour du balancier vers une reconnaissance des bienfaits de la planification, jamais cependant jusqu'au point que nous connaissions il y a peu.

Cela nous amène toutefois à envisager des problèmes que nous ne pouvons évaluer à fond sans d'abord nous pencher sur une question à laquelle j'ai déjà fait allusion sans donner de plus amples explications: les rouages du marché. Il s'agit en fait des explications capables de vaincre le scepticisme des anciens du village quant à la capacité d'une société fondée sur l'intérêt personnel à assurer la satisfaction de ses besoins Ce scepticisme a été exprimé plus d'une fois, j'en suis persuadé, par de nombreux dirigeants de pays sous-développés au cours de leurs discussions avec les représentants du Fonds monétaire international et de la Banque mondiale. Tant que nous ne pourrons répondre pour nous-mêmes à cette question, il nous sera impossible d'entreprendre la tâche plus vaste qui nous attend.

II

Les économistes nous diront que les marchés finissent par introduire une micro-organisation dans une société. Pour eux, ce terme est l'équivalent de la Main invisible qui prend les hommes par le coude et les entraîne vers des objectifs sociaux qui échappent à leur volonté réelle. Tout comme celle de Smith, l'explication de ces économistes repose sur l'hypothèse qu'une tendance à la «maximisation» fait partie de la nature humaine. La question qui se pose alors immédiatement est de savoir quelle mentalité aboutirait au même résultat dans une société qui ne serait pas convaincue du bien-fondé de la thésaurisation. Car, faute d'une directive interne aussi formelle, les systèmes de marché ne peuvent fonctionner. Le paradoxe des marchés n'est pas qu'ils suscitent l'ordre dans un univers rempli d'individus uniquement préoccupés «d'accroître» leur fortune, mais bien que le système de marché ne peut fonctionner que dans ce type d'univers. Le problème que l'on rencontre lorsqu'on veut coordonner l'activité dans une société qui se refuse à cultiver une mentalité de thésaurisation est qu'il lui manque une sorte de champ magnétique exerçant une force prévisible sur le comportement de ses membres. Ce qui amène la délicate question de savoir si une autre force que la thésaurisation pourrait servir le même but, ce que nous tâcherons de découvrir dans les dernières pages de cet ouvrage.

En attendant, il n'existe, à mon avis, aucune raison de douter de l'existence d'une thésaurisation suffisamment intense pour alimenter l'économie de marché, ce que démontre amplement l'appétit apparemment insatiable avec lequel les gens s'efforcent d'accroître leur capital personnel. De cette orientation résultent trois lignes d'action qui, mises ensemble, produisent les résultats qui ont déconcerté les membres du conseil de village. Premièrement, les gens suivront la voie qui assure le mieux la promotion de leurs propres intérêts économiques, quelle que soit cette voie. Cela signifie qu'ils auront tendance à rechercher les emplois les mieux rémunérés pour lesquels ils sont qualifiés, tout en étant prêts à quitter un employeur, un métier ou une région même, le cas échéant, s'ils trouvent un autre emploi qui offre un meilleur salaire. Donc, la première fonction d'un système de marché consiste à répartir la main-d'œuvre en fonction des tâches que la société veut voir effectuées. Et, de fait, l'existence même d'une économie de marché est incompatible avec la présence d'obstacles à cette canalisation de la main-d'œuvre, qui s'effectue en fonction des motivations personnelles. C'est ce qui explique pourquoi ce genre d'économie ne peut prendre racine dans une société centrée sur le servage, l'esclavage ou la répartition centralisée de la main-d'œuvre. Le lien existant entre le marché et la Société de la parfaite liberté est ainsi bien davantage qu'une simple question de forme.

La deuxième ligne d'action exerce une influence sur cette même canalisation des efforts par le biais de l'usage que les employeurs font de leur capital. En quête de leur propre intérêt eux aussi, ils cherchent à augmenter la production des biens et services pour lesquels la demande est la plus forte et les profits sans doute les plus élevés, et à réduire la production à laquelle ne correspondent qu'une demande et des profits relativement faibles. Ainsi, comme dans le cas de la main-d'œuvre, la demande joue le rôle d'une sorte d'aimant pour l'approvisionnement et contribue à assurer un équilibre entre les deux.

Ces deux premiers effets d'une économie de marché sont assez simples à comprendre. C'est le troisième qui exige une certaine réflexion. Il s'agit de la lutte à finir qui affecte l'activité des deux côtés du marché à mesure que la concurrence s'accroît entre fournisseurs, d'une part, et clients, d'autre part. Le marché du travail est le théâtre d'une lutte que se livrent les travailleurs pour s'approprier les emplois les mieux rémunérés. Quant au marché des produits, il est le cadre d'un combat entre employeurs, pour le partage du pouvoir d'achat des consommateurs. Dans chacun des cas, il en résulte une force d'attraction sur les prix de toutes sortes, y compris les salaires et les pourcentages de bénéfices, vers un niveau qui prévaut dans l'ensemble de la société. Ce faisant, l'économie de marché devient son propre organisme de maintien de l'ordre contre les exactions commises par cupidité et les inégalités dues à l'exploitation. Aussi bizarre que cela puisse paraître, ce processus de maintien de l'ordre interne est également stimulé par l'intérêt personnel, même quand cela signifie réduire ses propres bénéfices directs. On se détournera d'un fournisseur qui refusera d'abaisser un prix trop élevé, au profit d'un autre; de même, l'acheteur qui se refusera à mettre le prix en vigueur sur le marché ne sera pas en mesure de se procurer les mêmes marchandises que son concurrent.

Il me semble percevoir des signes de désapprobation par rapport à ce portrait idyllique du marché; aussi, je promets d'y revenir en m'efforçant de mêler critique et louange. Mais, avant de critiquer, encore faut-il commencer par comprendre. Permettez-moi donc d'ajouter quelques explications à cette description, en comparant les rouages d'une économie fondée sur une planification centralisée et ceux d'une économie de marché.

Supposons qu'il y ait pénurie de chaussures, par exemple, dans les deux sociétés. Dans une société dirigée, les pénuries donnent lieu à des files d'attente, qui satisfont ceux qui se trouvent à l'avant de la file et déçoivent ceux qui se trouvent à la queue. Elles peuvent aussi donner lieu à des directives émanant du ministère des Biens de consommation en vue d'augmenter la production des usines de chaussures. Si j'ai écrit «peuvent», c'est parce que le processus de modification des calendriers de production est rempli d'embûches dans un système bureaucratique, où la tendance au laxisme est forte — si le laisser-faire n'est pas un slogan des économies planifiées, le *laisser-passer*, lui, pourrait très bien l'être. Les années trente ont été témoin d'un débat célèbre entre l'économiste conservateur Ludwig von Mises et l'économiste socialiste Oskar Lange à propos des perspectives d'un système cohérent de planification centrale. Pour Mises, un tel système était tout bonnement «impossible», parce que les planificateurs ne pourraient jamais rassembler l'information qu'une économie de marché trouvait sans cesse et sans effort dans les «signaux» contenus dans les prix et qui orientait les décisions des spécialistes de la mise en marché. Lange rétorquait que cette même information serait disponible dans une économie planifiée sous la forme des niveaux des stocks, qui augmenteraient quand l'offre serait supérieure à la demande et vice-versa. Quand les stocks monteraient, les planificateurs sauraient qu'il faudrait ralentir l'offre. Ils feraient alors baisser les prix payés aux producteurs et augmenter ceux exigés des consommateurs, décourageant ainsi la production. Si les niveaux des stocks se mettaient à baisser, les planificateurs feraient le contraire. Ainsi, les niveaux des stocks donneraient aux planificateurs exactement la même information que celle qu'ils obtiendraient en observant l'évolution des prix dans une économie de marché[30].

L'histoire a démontré à souhait que Mises avait raison quant au dénouement, mais, à mon avis, pas pour les raisons qu'il invoquait. Ce n'est pas le manque d'information qui était en cause — le personnel du dispositif de planification soviétique savait pertinemment bien quand il y avait pénurie ou (plus rarement) surplus de chaussures. Il leur manquait une incitation à remédier à la situation. Leur propre intérêt leur dictait de laisser aller les choses. C'est donc l'inertie bureaucratique qui était l'ennemi — mortel en fin de compte — du système de planification. Curieusement, Lange avait perçu que c'était là la clé: «*Le danger réel du socialisme*, écrivit-il, mettant ce passage en italiques, *réside dans la bureaucratisation de la vie économique.*» Cependant, il retira du piquant à sa théorie en ajoutant, sans italiques cette fois: «Malheureusement, nous ne voyons pas comment on peut éviter un danger semblable,

---

30. Voir Ludwig VON MISES, «Economic Calculation in the Socialist Commonwealth», dans Friedrich VON HAYEK, éd., *Collectivist Economic Planning*, Londres, Routledge & Sons, 1935; Oskar LANGE et Fred TAYLOR, *On the Economic Theory of Socialism*, New York, McGraw-Hill, 1938, p. 87-89.

ou même plus grand, dans une économie fondée sur un capitalisme monopolistique[31].»

Lange aurait plutôt dû dire autre chose: la principale cause de désordre dans les économies dirigées réside dans l'absence de structure permettant à l'intérêt personnel de déboucher sur une action utile pour la société. Gardons cela à l'esprit et tournons-nous à présent vers une économie de marché, où nous supposons qu'il y a également pénurie de chaussures. Ici, la pénurie donne lieu à toute une série de stimuli sans équivalent dans une économie dirigée. En réponse à des appels pressants de la part de magasins de chaussures, les dirigeants d'usines augmentent les niveaux de production. Par ricochet, l'augmentation de leurs propres besoins donne lieu à des appels urgents chez les fabricants de cuir en vue d'accélérer les expéditions, ce qui entraîne de nouveaux appels, cette fois de la part des fabricants de cuir aux acheteurs qui participent à des ventes de bétail aux enchères.

Toute cette activité engendrera une hausse des prix: chez les encanteurs d'abord, puis sur le marché du cuir, et enfin dans les magasins de chaussures. La production augmentant, il y aura un besoin de main-d'œuvre supplémentaire, peut-être aussi d'équipement de production supplémentaire. La nouvelle se répandra rapidement qu'il y a des

---

31. LANGE et TAYLOR, p. 109-110. (Traduction libre)

possibilités d'emploi à des salaires intéressants dans l'industrie du cuir. Les stocks de chaussures reviendront à un niveau normal, mais les prix, eux, auront augmenté. Les consommateurs achèteront moins de paires de chaussures par année qu'auparavant. La croissance de l'industrie de la chaussure connaîtra un ralentissement. Un nouvel équilibre de niveaux de production, de salaires et de prix se sera imposé dans l'industrie de la chaussure mettant un terme aux requêtes pressantes. La micro-organisation régnera en maître, bien que tout le monde se soit contenté de rechercher son intérêt personnel depuis le début.

III

Il ne faut pas perdre de vue le mode de fonctionnement d'une économie de marché théorique car, la plupart du temps, elle suit plus ou moins ce modèle en pratique également — et si ce n'était pas le cas, il y a belle lurette que le système capitaliste se serait effondré. Si j'ai écrit «la plupart du temps», c'est parce que les rouages du marché tournent même quand nous sommes totalement inconscients de leur existence — en fait, c'est même à ce moment-là qu'ils tournent le mieux. Tant que les marchés assurent la cohérence et l'ordre, nous sommes pratiquement inconscients de leur existence, tout comme ce serait le cas d'une économie planifiée qui fonctionnerait de façon satisfaisante la plupart du temps. Il m'apparaît presque superflu d'ajouter que les marchés ne se comportent pas toujours ainsi, avec méthode et discrétion. Au contraire ! il arrive que leur fonctionnement tienne de l'anarchie totale et du spectacle, par exemple lorsque la bourse s'effondre ou que les prix du pétrole se mettent à flamber. Ce qu'il nous faut comprendre à présent, c'est pourquoi les marchés se comportent parfois bien et parfois mal.

L'origine la plus ancienne des problèmes que connaissent les marchés réside peut-être dans le fait que leurs caractéristiques se sont modifiées dans des économies dont les unités de fonctionnement, constituées auparavant de petites sociétés souples, se sont transformées en de grandes entreprises à la technologie «immuable». La différence entre les deux se compare à celle existant entre un tas de sable et une charpente. Le tas de sable résistera à bien des attaques, tandis qu'une charpente, quoique beaucoup plus impressionnante et résistante qu'un tas de sable, risque de s'effondrer à la suite du fléchissement d'une seule poutre qui occupe une position stratégique.

Les sociétés capitalistes commencent par être des tas de sable, puis deviennent des charpentes, sous l'effet direct de l'accumulation de capital — les manufactures d'épingles devenant avec le temps des structures industrielles aussi vastes que de petites bourgades. Smith voyait essentiellement dans le processus concurrentiel un moyen d'assurer et de maintenir une égalité de rémunération au sein des catégories d'emplois et des industries, et même entre elles. À l'époque des manufactures d'épingles, cette perception correspondait peut-être à la réalité; à mesure qu'on progressait dans le XIXe siècle et que les firmes concurrentes se transformaient en d'énormes usines textiles et en des mines de charbon mécanisées, puis en entreprises réellement gigantesques, comme les chemins de fer, elle devenait de moins en moins exacte. Les entreprises de ce genre exigeaient des structures de capitaux importantes, qui, à leur tour, impliquaient des frais fixes considérables, par exemple des frais d'intérêt, qu'il faut assumer pour conserver sa solvabilité. Il en résulta l'apparition d'une concurrence féroce qui plaça plusieurs des firmes les plus faibles le dos au mur, en faisant des proies faciles pour les survivants, qui purent les acheter à bon compte. Plus tard, une fois cette concurrence devenue trop coûteuse, la pression concurrentielle provoqua des fusions et des trusts. Aux États-Unis, par exemple, en 1865, la plupart des sociétés étaient très concurrentielles et aucune n'était parvenue à dominer un domaine d'activité en particulier. En 1904, une ou deux méga-entreprises contrôlaient au moins la moitié de la production dans soixante-dix-huit secteurs industriels différents[32].

La dynamique de la concurrence elle-même devint donc une cause importante de transformation d'une économie atomistique, fragmentée, en une économie structurée comportant des forces et des faiblesses. Alfred Chandler a montré de quelle manière différents capitalismes nationaux ont réagi à la menace planant sur la stabilité qui s'en est suivie — les uns élaborant des accords tacites de co-existence pacifique, les autres ayant recours à des cartels, avec ou sans l'accord et l'autorisation des gouvernements selon le cas[33]. De nos jours, comme nous l'avons vu, le problème a encore gagné en complexité dans la mesure où, en raison des interrelations existant au sein de l'économie mondiale, le champ de la concurrence s'étend au-delà des frontières des États. Les 350 sociétés dont le chiffre d'affaires combiné représente le tiers du PNB global du monde industriel constituent les immenses poutres de la charpente du capitalisme mondial et, par le fait même, une nouvelle source possible d'instabilité.

---

32. Robert HEILBRONER et A. SINGER. *The Economic Transformation of America: 1600 to the Present*, 2ᵉ éd. New York, Harcourt Brace Jovanovich, 1984, p. 202-203.

33. Alfred CHANDLER. *Scale and Scope: the Dynamics of Industrial Capitalism*, Cambridge, Harvard University Press, 1990.

Nous avons déjà signalé ce problème de l'insécurité potentielle du capitalisme lors de l'examen des changements qui ont affecté l'équilibre des forces entre les domaines privé et public, et nous parvenons à la même conclusion: il n'existe aucune force politique antagoniste qui puisse mettre en œuvre les changements fiscaux, monétaires et politiques nécessaires à la stabilisation de la production si cette structure transnationale était ébranlée. Par rapport au maintien ou au rétablissement de la circulation de la production transnationale, nous nous retrouvons dans une situation de dénuement qui ressemble à celle que nous avons connu lorsqu'il nous fallait maintenir la circulation de notre production intérieure dans les années trente.

Les désordres qui se produisent sur les marchés ne résultent pas exclusivement de l'augmentation de la complexité de la structure du secteur de la production. Ils ont aussi un fondement psychologique davantage que technologique ou organisationnel. Supposons qu'une pénurie se manifeste sur le marché du blé et provoque une augmentation des prix. Généralement, une hausse des prix se traduit par un afflux sur le marché, de blé provenant de l'extérieur du pays par exemple, tout en provoquant une diminution de la consommation. Il ne sera pas difficile de rétablir l'ordre micro-économique. Supposons à présent que la rumeur d'un risque de sécheresse se répande à la bourse des grains. On peut s'attendre à une flambée du prix du blé. Dès lors, l'intérêt personnel ne poussera plus les fournisseurs à vendre aux prix extrêmement favorables de cette journée en particulier, mais plutôt à attendre que les prix continuent de grimper comme prévu. Pour leur part, les acheteurs, loin d'être rebutés par les prix élevés du jour, s'efforceront de combler leurs besoins avant que la situation n'empire. Le résultat est tout à fait contraire à ce que prévoit le manuel d'économie: la pénurie s'aggravera au lieu de s'estomper.

Dès que l'on s'attend à une aggravation de la situation, la réaction du marché va dans le sens d'un déséquilibre plutôt que d'un rétablissement. L'inadéquation initiale entre l'offre et la demande, loin de se régler, empire. Par conséquent, tout phénomène qui aura des effets négatifs sur la psychologie des masses peut inverser l'influence de l'intérêt personnel et causer le chaos plutôt que l'ordre. C'est exactement ce genre de chaos qui s'est produit dans les années trente lorsque le marché du blé s'est effondré, alors que les cultivateurs se précipitaient pour vendre leur marchandise tandis que les acheteurs gardaient les mains dans les poches. Le processus est à peu près semblable pendant les périodes d'inflation, quand les vendeurs ne sont pas pressés de vendre et que les acheteurs seraient prêts à se précipiter sur les marchandises, ce qui ne fait que jeter de l'huile sur le feu inflationniste.

Ce dernier phénomène nous entraîne hors du contexte d'un désordre micro-économique vers les problèmes d'économie politique d'un désordre macro-économique, dont il nous faut maintenant parler. Pendant des années, les économistes ont cru que les marchés parviendraient à contrôler le niveau global de l'emploi aussi facilement que le niveau de production de chaque catégorie de biens. Si le niveau d'emploi connaissait une trop forte baisse, le marché pouvait régler le problème grâce à la baisse des salaires résultant de la concurrence suscitée parmi les travailleurs sans emploi qui désirent décrocher un emploi. À mesure que les salaires baisseraient, les employeurs trouveraient rentable d'engager davantage de personnel. Le marché pourrait donc remédier à un déséquilibre entre l'offre et la demande de main-d'œuvre avec la même efficacité que dans le cas d'un bien en particulier. On s'attendait aussi à ce que le marché canalise l'épargne vers le réservoir des placements, le taux d'intérêt jouant le même rôle sur les marchés des capitaux que le niveau des salaires sur celui de la main-d'œuvre.

Une fois encore, cependant, les attentes peuvent faire crouler tout ce beau processus méthodique. Quand Keynes scandalisa le monde économique des années trente en soulignant qu'il n'était pas assuré que le mécanisme de marché conduise l'économie au plein-emploi, son argument le plus frappant résultait précisément du fait qu'il attribuait à la détermination de l'emploi les effets contraires à ceux auxquels on s'attendait concernant la détermination du niveau des prix. Keynes nous demandait de prendre pour hypothèse que les employeurs, assistant à la baisse des salaires, pensaient à l'effet de cette baisse sur la demande des produits qu'ils mettaient sur le marché. Allaient-ils embaucher des travailleurs supplémentaires en prévision d'un avenir aussi peu prometteur? Allaient-ils risquer d'investir des fonds dans des projets sans se soucier du coût des emprunts? Bien sûr, l'économie continuerait à chercher le point d'équilibre entre l'offre et la demande de main-d'œuvre et d'emprunts de capitaux, mais ce point ne serait pas le même que quand les perspectives étaient bonnes.

À mesure que les perspectives changent, il se produit donc un changement du résultat auquel mène le comportement de maximisation. Et cela a des conséquences inattendues pour ceux qui voient dans le mécanisme de marché une base incontestable du fonctionnement du système capitaliste. Pendant de nombreuses années, les critiques du marché ont souligné qu'une société dont les activités économiques sont soumises aux lois du marché était un serviteur soucieux des intérêts des riches, mais un spectateur muet du malheur des pauvres. Par conséquent, l'ordre micro-économique résultant des mécanismes du marché présente toujours une vulnérabilité d'ordre moral. Nous constatons également à présent que l'ordre macro-économique qui émerge des considérations reliées au marché pose problème. Dans ce cas, ce n'est pas la moralité qui manque — en présence de certaines perspectives, il se peut que le marché crée une demande d'emplois supérieure à ce que les travailleurs sont prêts à offrir. Il subsiste, toutefois, une vulnérabilité d'ordre opérationnel. Dans le cas que nous venons de citer, le marché provoquera une inflation par les coûts, comme sous l'influence des perspectives dont Keynes prédisait qu'elles provoqueraient le chômage. Aucune situation n'est propre à assurer une croissance vigoureuse et régulière. En réalité, toutes deux donnent lieu à l'ensemble de difficultés que nous avons évoquées auparavant. Les rouages du domaine privé engendrent des difficultés susceptibles de provoquer un appel à l'intervention du domaine public.

IV

Parmi les influences que le système de marché exerce sur le capitalisme, il y en a une dont j'ai choisi de traiter en dernier lieu, qu'on considère peut-être comme la plus pénétrante et la plus embarrassante de toutes. Il s'agit d'un effet que le marché impose constamment, que son évolution se produise dans le calme et l'harmonie ou dans le bruit et les perturbations, un effet dont nous sommes parfois parfaitement conscients, mais le plus souvent totalement inconscients. Sous sa forme la plus fréquente, on l'appelle «l'échec du marché», mais il se présente aussi sous des formes plus enracinées et plus sournoises, auxquelles on donne alors d'autres noms que nous citerons en temps et lieu.

L'une de ces formes consiste en un effet indésirable relié au marché et que l'on appelle une «externalité». On pourrait citer comme exemple de ce phénomène le fait que le coût de la lessive et les frais de santé que doivent assumer les habitants de Pittsburgh étaient plus élevés avant que l'on ne jugule la pollution due aux aciéries. Ce coût est considéré comme «externe» parce que, à l'encontre des frais «internes» des aciéries, attribuables à la main-d'œuvre et aux matières premières, le coût de la pollution est transmis abusivement à des individus qui ne participent pas au processus de production lui-même. Les producteurs d'acier n'ont donc aucun intérêt particulier de réduire la pollution, dans la mesure où ils ne paient pas les factures de lessive et de soins de santé qui s'y rattachent.

Par conséquent, le mécanisme de marché ne remplit pas fidèlement l'un de ses objectifs, soit celui de fournir à la société une évaluation précise du coût relatif de la production des biens. Supposons, par exemple, qu'il existe deux procédés de production de l'acier, l'un extrêmement propre mais coûteux et l'autre, sale mais bon marché. La concurrence incitera les producteurs à choisir le moyen le moins coûteux, ce qui fera dire aux observateurs superficiels que le marché a permis à la société d'augmenter l'efficacité de son fonctionnement. Toutefois, il se pourrait que, si l'on ajoute au coût de production les frais de lessive et de soins de santé, le procédé le plus propre s'avère également le moins coûteux. Et si cela est vrai, ce sont les externalités qui orienteront la société dans la mauvaise voie, celle d'un choix qui se révèle moins efficient en dépit des apparences.

J'ai dit tout à l'heure qu'il s'agissait peut-être des influences les plus pénétrantes et les plus embarrassantes de toutes celles que le système de marché impose et, si nous nous y arrêtons un moment, nous constatons que c'est bien le cas. D'abord, il n'existe pratiquement aucune activité de production qui n'ait pas d'effets «externes», parfois positifs, parfois négatifs. La construction par un individu d'une maison d'aspect hideux provoque la dépréciation des valeurs immobilières des environs. La mise au point d'un nouveau produit par une entreprise ouvre de nouveaux horizons à ses utilisateurs — la croissance transformationnelle est essentiellement une question d'externalités. La forte croissance économique que connaît un pays provoque une accélération du réchauffement de la planète.

Il serait impossible de tenir compte de tous les coûts et avantages externes liés à la production. Parallèlement, nous savons que, si nous évitons de prendre en compte les plus importants d'entre eux, notre évaluation des coûts et bénéfices de la production s'en trouve gravement faussée. La surcoupe des forêts, la surpêche dans les océans, la surconsommation d'essence, toutes sont des exemples d'externalités — c'est-à-dire d'une incapacité à inclure les coûts totaux de production de divers biens dans leurs prix. Adam Smith, lui aussi, mettait en évidence une externalité lorsqu'il déplorait l'ignorance et la stupidité découlant de l'imposition aux travailleurs de tâches routinières et abrutissantes, même s'il ne tenait aucun compte du coût social attribuable à cette externalité. C'est peut-être feu E. F. Schumacher qui a le mieux exprimé ce coût en observant que, dans «l'économie bouddhiste», la main-d'œuvre ne serait pas considérée comme un intrant dans le processus de production, mais bien comme un extrant[34].

Il ne fait pas le moindre doute que les externalités peuvent aussi bien causer une distorsion des coûts de production de régimes économiques autres que les économies de marché — qu'il suffise, pour s'en convaincre par l'horreur, de penser à la pollution omniprésente en Europe de l'Est, à la mer Noire, ou, pourquoi pas?, au traitement des déchets nucléaires en Grande-Bretagne et aux États-Unis. Pourtant, ce qui rend les externalités particulière-

---

34. Ernst F. SCHUMACHER, «Buddhist Economics», dans *Small Is Beautiful*, New York, Harper & Row, 1975.

ment intéressantes dans une structure de marché, c'est qu'elles deviennent à leur tour source de guerre limitrophe entre les domaines public et privé. Dans la mesure où c'est essentiellement, quoique non exclusivement, dans le domaine privé que s'effectue la production, c'est de là que la plupart des externalités proviennent; et, dans la mesure où leurs effets se présentent sous la forme de coûts imposés aux individus, c'est le domaine public qui doit se charger de leur atténuation. On doit s'attendre à ce que cette guerre limitrophe gagne en intensité avec le temps. Le volume de polluants ne cesse d'augmenter alors que la capacité de les absorber demeure stable ou n'augmente que très lentement. La nécessité d'une intervention gouvernementale se fait donc à nouveau de plus en plus pressante pour empêcher que le besoin d'accumulation ne subisse ses propres conséquences.

On peut trouver un deuxième impact du marché dans l'influence qu'il exerce sur la culture du capitalisme. En fait, il y a plusieurs influences de ce genre. Le leitmotiv «chacun pour soi» reflète bien la mentalité du marché. Notre vision de l'économie souffre de notre tendance à ne voir dans la «production» que des biens vendables, ce qui finit par rendre invisibles les biens publics, qui ne sont pas susceptibles d'être vendus, comme l'éducation, la santé publique ou l'infrastructure. On ne peut, bien entendu, se soustraire à l'enthousiasme et aux exhortations de la publicité. Pour le sociologue Michael Schudson, les consommateurs occidentaux, exposés aux figures réjouies d'annonceurs vantant les mérites d'automobiles et de laxatifs se comparent aux citoyens soviétiques qui, eux, sont confrontés à des propos enthousiastes analogues concernant la production de charbon et de tracteurs[35]. Bien sûr, la différence est que la propagande soviétique était le fruit d'une tentative concertée et délibérée d'insuffler une sorte de patriotisme culturel, tandis que la publicité capitaliste n'est que le fruit d'un effort désordonné et non concerté en vue de vendre des biens et des services. Quoi qu'il en soit, le résultat est pratiquement le même. En tant que voix publique du secteur privé, la publicité est la propagande d'une économie de marché, tout comme la propagande est la publicité d'une économie dirigée.

L'évaluation de Schudson nous aide à prendre davantage conscience de notre situation. Permettez-moi d'expliquer cette prise de conscience en comparant la *commercialisation*, terme souvent invoqué pour critiquer la culture publicitaire, au terme moins courant de *commodification*, que nous devons à Marx. La commercialisation suppose l'extension du système de marché dans des domaines d'où nous pensons que ses valeurs devraient être exclues: par

---

35. Michael SCHUDSON, *Advertising: The Uneasy Persuasion*, chapitre 4, New York, Basic Books, 1984.

exemple, la transformation de l'attrait séculaire de l'excellence en sport commercial. Quant à la «commodification», elle fait penser aux incursions fort prisées du domaine du marché dans la «vie». Je m'explique: nous accueillons avec enthousiasme le gain de temps de travail et le renforcement des capacités individuelles qui résultent du fait que nous pouvons nous en remettre, pour la préparation des aliments, l'entretien ménager et les soins de beauté, à des biens que nous pouvons acquérir dans les supermarchés, plutôt que de devoir compter sur nos talents individuels, notre ingéniosité et notre travail. La «commodification» n'est donc généralement pas perçue comme une intrusion dans notre domaine personnel, mais plutôt comme un élargissement de ce domaine, ou peut-être comme une démocratisation des raffinements autrefois réservés à ceux qui avaient le temps, ou le pouvoir, de se les procurer, et qu'on peut maintenant acheter au coin de la rue.

Vue sous cet angle, la «commodification» a des points en commun avec le principal objet de fierté du capitalisme, «l'abondance». Si je mets ce mot entre parenthèses, c'est parce que les qualités et les caractéristiques dont se targue l'abondance constituent un échantillonnage extrêmement sélectif des divers effets que la «commodification» produit. Et ceux-ci ne se limitent nullement aux gratifications dont jouissent leurs utilisateurs. Tout comme les externalités, la «commodification» impose des coûts qui, dans l'ensemble,

peuvent fortement réduire ou même anéantir ces avantages: nous devenons des «sujets» de l'économie, et la consommation est considérée comme un étalon de la vie elle-
même. Pour exprimer cette préoccupation, Marx a créé le
concept d'«aliénation» — soit l'incapacité, pour les individus, de saisir la nature de l'organisation sociale dans laquelle ils vivent en raison de leur subordination à ses exigences. Non seulement l'aliénation nous rend-elle aveugles
face aux pertes susceptibles de résulter de notre abandon
à un monde «commodifié», mais elle atténue toute conscience que la terminologie même à laquelle nous avons
recours pour évaluer la performance de l'économie —
«rendement», «coût», «valeur» — vient introduire subrep-
ticement dans le processus d'évaluation, les prérogatives et
les exigences de l'organisation sociale que dessert l'économie. Smith avait précédé Marx sur un point, lorsqu'il sou-
lignait que le terme «rendement» semble avoir une utilité
sociale en ce qu'il nous rend aveugles au coût qu'il implique sous forme d'une dégradation pour les travailleurs.

    Donc, à côté de ses avantages, le marché impose des
coûts — parfois importants, parfois même inquiétants.
Mais par quoi pourrions-nous le remplacer? Cette question
nous indique la voie, toute tracée depuis un certain temps,
vers notre conclusion. Cependant, il devrait apparaître
clairement à présent que la rédaction de notre dernier
chapitre ne peut être une sinécure. Laissons de côté les

difficultés de la prédiction. C'est la conception qui constitue le plus important défi à relever. Il n'est pas très difficile de déceler les problèmes, profondément enracinés, peut-être insolubles, d'un régime capitaliste. Il est cependant moins facile de décrire la structure d'une société qui permettra d'éviter ces problèmes. J'ai l'impression que cette position modérée dévoile déjà de quelle façon je m'y prendrai pour essayer de décrire ce que pourrait être le capitalisme du XXIe siècle.

5

SCÉNARIOS
POUR L'AVENIR

I

J'ai dit d'entrée de jeu que je n'avais pas l'intention de conclure sur une prédiction extraordinaire. Cela ne signifie pas cependant que je n'ai rien à dire sur les perspectives qu'offre la société dans laquelle vivront nos enfants, nos petits-enfants et nos arrière-petits-enfants. En fait, je ne pense pas que nous puissions prévoir ces perspectives avec la précision et la certitude scientifique que comporte le mot *prédiction*. C'est pourquoi je décrirai le capitalisme du vingt et unième siècle en me fondant sur des scénarios qui nous permettront d'en imaginer l'évolution. Le terme *scénario* a des connotations théâtrales. On a l'impression de quelque chose de plus complexe qu'une prédiction — d'un essai de description de processus qui sont motivés en partie par la nécessité et en partie par la volonté, qui se prêtent à l'interprétation analytique, mais laissent également place à l'intuition et à la conviction. L'utilité de ces scénarios tient autant à leur capacité d'éclairer l'interaction existant, dans cette réflexion sur l'avenir, entre l'analyse et la vision, qu'à la lumière qu'ils jettent sur ce que sera en réalité cet avenir.

Presque tous les grands économistes ont écrit des scénarios sur le thème du capitalisme. Pour la plupart, cependant, ceux-ci demeuraient vagues quant aux perspectives à long terme du capitalisme, si bien que les idées qu'ils exprimaient sur la voie menant à cet avenir pouvaient difficilement présenter plus d'originalité. Nous savons qu'Adam Smith envisageait une Société de la parfaite liberté dont la caractéristique principale était une amélioration générale du bien-être. Peut-être certains ignorent-ils que ce scénario prévoyait également une période au terme de laquelle cette société atteindrait «le dernier degré de richesse» auquel ses ressources et sa situation géographique lui donnaient droit, et que l'accumulation — et la croissance — cesseraient par la suite.

Cette perspective n'est nullement irréaliste dans une société où les entreprises ont une taille réduite et, de toute façon, nous pouvons nous imaginer que Smith situait le tournant fatal dans un avenir aussi lointain et indéterminé que celui dans lequel nous entrevoyons un grave obstacle écologique à la croissance. La longue croissance que Smith prévoyait finit par faire place à une régression au moment où une population plus nombreuse doit partager une production qui a cessé d'augmenter. Comme nous l'avons déjà vu, Smith projette une vision de la société qui l'amène à prévoir une décadence morale de la classe ouvrière, à laquelle elle se soumettra passivement. Donc, contrairement à sa réputation d'ange gardien du capitalisme, Smith est sans doute, de tous les économistes, celui qui affiche le moins d'optimisme quant à l'issue du capitalisme. Son analyse laisse présager le déclin du capitalisme; sa vision, une décadence plus rapide encore[36].

Marx, au contraire, est optimiste — non pas à propos du capitalisme, bien sûr, mais de l'organisation sociale à laquelle celui-ci donnera naissance. Comme il faut s'y attendre, il y a un monde entre l'aspect visionnaire de son scénario et celui de Smith, mais, de façon un peu surprenante, la partie analytique de l'un est assez semblable à celle de l'autre. À l'instar de celle de Smith, l'analyse de

---

36. Adam SMITH, *Richesse des nations*, tome I, p. 168. Aussi Robert HEILBRONER, «Paradox of Progress: Decline and Decay», dans A.S. SKINNER et T. WILSON, éd., *Essays on Adam Smith*, Oxford, Clarendon Press, 1975.

Marx prévoit les conséquences d'un besoin de thésaurisation dans un milieu concurrentiel. Sa conclusion diffère
de celle de Smith en ce qu'il remplace la manufacture
d'épingles par une usine textile beaucoup plus grosse, de
sorte que le processus d'expansion capitaliste se traduit par
le chaos et par des perturbations plutôt que d'entraîner une
croissance régulière et sans secousses. Par conséquent, à
l'opposé de celle de Smith, la trajectoire ascendante de
Marx est continuellement interrompue par des périodes de
crise et de restructuration.

Pourtant, cette différence fondamentale provient de
divergences dans leur perception de la technologie et non
d'une différence profonde quant à leur interprétation de la
société. Au bout du compte, le point essentiel qui émerge
de ce scénario est la vision qu'a Marx de la classe ouvrière
comme étant agent de sa propre libération future, et non la
victime passive de l'ordre social existant. Ainsi, à la classe
ouvrière «stupide et ignorante» de Smith se substitue un
prolétariat un peu confus mais qui commence lentement à
comprendre. Pour Marx, donc, le scénario présente une
autre sorte de perspective — sans ascension ni chute historique rappelant les perceptions qu'avaient les gens au
XVIIIᵉ siècle de la gloire d'Athènes et de celle de Rome,
mais un processus linéaire selon lequel le capitalisme dispa-
raît avant l'avènement du socialisme, son successeur.

Deux autres éminents scénaristes prévoient eux aussi

la chute du capitalisme, encore une fois pour des raisons différentes et avec des résultats différents. Si, de nos jours, on considère John Maynard Keynes comme un scénariste du déclin du capitalisme, cela ne rend pas justice aux dimensions analytique et visionnaire de son scénario. Par opposition à Smith aussi bien qu'à Marx, Keynes était un analyste pessimiste mais un visionnaire optimiste. D'un point de vue analytique, son pessimisme se fondait sur le fait que sa compréhension des mécanismes du marché, dans lesquels les attentes jouaient un rôle clé, l'amenait à la troublante conclusion qu'une société dirigée par l'économie de marché pouvait s'enliser dans une situation de sous-emploi persistant. Ce pessimisme était le reflet d'une vision statique des possibilités technologiques, ce qui n'est pas sans rappeler la position de Smith. On peut se demander si Keynes aurait utilisé le même ton relativement découragé qui émane de sa *Théorie générale* si cet ouvrage avait été rédigé au cours de l'ère technologique d'après-guerre, que Keynes ne vécut pas assez longtemps pour connaître.

En outre, la conclusion pessimiste de l'analyse de Keynes était contrebalancée par une évaluation étonnamment positive des possibilités politiques qu'offrait le capitalisme. Dans sa vision, Keynes ne reprenait ni l'évaluation désespérée que faisait Smith de la classe ouvrière ni celle, extrêmement favorable, que faisait Marx du potentiel révolutionnaire. Keynes pouvait donc se permettre d'envisager

avec sérénité non seulement la socialisation de l'investissement «(comme) le seul moyen d'assurer approximative-
ment le plein-emploi», mais aussi la «disparition progres-
sive du rentier[37]», tout en se moquant du concept du
socialisme, envers lequel il a entretenu, pendant toute sa
vie, une sorte de scepticisme bienveillant. La vision de
Keynes est donc celle d'une politique équilibrée, aussi bien
qu'une économie équilibrée, un point de vue qu'il a décrit
lui-même comme ayant des conséquences «assez conservatrices [38]».

Ces grands scénarios demeureraient incomplets sans
l'inclusion de Joseph Schumpeter. Ce dernier se montre
d'emblée comme un analyste optimiste et un visionnaire
pessimiste. «Le capitalisme peut-il survivre?» Telle est la
question qu'il pose dès les premiers chapitres de son
ouvrage magistral *Capitalisme, socialisme et démocratie*, publié
en 1942. Sa réponse est sans équivoque: «Non, je ne crois
pas qu'il le puisse[39].» La raison invoquée, cependant, n'est
ni celle de Smith, ni celle de Marx, ni celle de Keynes.
Schumpeter apporte un élément nouveau et beaucoup plus

---

37.   J.M. Keynes, *Théorie générale*, p. 389 et 391.

38.   J.M. Keynes, *Théorie générale*, p. 391.

39.   Joseph A. SCHUMPETER, *Capitalisme, socialisme et démocratie*,
Paris, Payot, coll. «Payothèque», 1979 (traduit de l'anglais par Gaël
Fain), p. 220.

dynamique à l'analyse du processus d'accumulation: l'impitoyable destruction des anciens capitaux par la concurrence à laquelle croit Marx fait place à un «ouragan perpétuel de destruction créatrice», à mesure que les entrepreneurs créent et exploitent des domaines d'expansion autrefois inexistants. Schumpeter se moque ainsi de l'idée selon laquelle il est impossible d'occuper totalement un jour la frontière des placements et leur territoire. «Les possibilités technologiques, écrit-il, peuvent être comparées à une mer dont la carte n'a pas été dressée.» L'avion sera à l'avenir ce que la conquête de l'Inde était au passé. La conclusion de Schumpeter est sans équivoque: «En tout cas, il n'existe pas de raisons *purement économiques* interdisant au capitalisme de franchir avec succès une nouvelle étape», au moins à court terme — et, nous a-t-il signalé au passage, un siècle représente une période «à court terme[40]».

Dès lors, pour quelle raison Schumpeter persiste-t-il à prévoir la mort du capitalisme? C'est la sociologie, et non l'économie, qui nous donne la réponse à cette question; la vision, et non l'analyse. Aux yeux de Schumpeter, la culture du capitalisme attaque les valeurs. Comme dans tous les systèmes de valeurs fondamentales du genre, le noyau de croyances qui le soutient défie toute défense rationnelle et ne résistera pas à un examen minutieux et objectif des

---

40. J. SCHUMPETER, p. 118, 121, 162, 220 et 222, note 1.

valeurs du capital. «(...) Le capitalisme, écrit-il, donne naissance à une mentalité d'objecteurs qui, après avoir détruit
l'autorité morale de multiples institutions non capitalistes,
en vient à se tourner contre les propres institutions de ce
régime. Le bourgeois découvre, à sa grande stupéfaction,
que l'esprit rationaliste ne s'en tient pas à mettre en question la légitimité des rois ou des papes, mais que, poursui-
vant son offensive, il s'en prend à la propriété privée et à
tout le système des valeurs bourgeoises[41].» La fin coïncide
donc avec la perte d'enthousiasme des entrepreneurs incar-
nant l'élan du système, qui s'installent dans l'existence pai-
sible des dirigeants socialistes.

C'est la vision, plutôt que l'analyse, qui prépare la
voie de cette renversante «prédiction». Aux yeux de
Schumpeter, les entrepreneurs font partie de groupes
d'élite qui atteignent le sommet dans toutes les sociétés: les
gouvernements socialistes ne manqueront pas de se servir
de leur «qualité supérieure à la normale». D'autre part, les
travailleurs et, en général, les classes moyennes et inférieu-
res — tous gens d'habitudes et de routine — ne remarque-
ront même pas la différence: un air de famille renforcera
les similitudes, tout en atténuant les différences, entre
socialisme et capitalisme. Ce genre de socialisme bourgeois,

---

41.   J. SCHUMPETER, p. 194.

directorial, survivra-t-il? Sans le moindre doute; Schumpeter est aussi apodictique lorsqu'il déclare que le socialisme a de l'avenir devant lui que lorsqu'il soutenait que le capitalisme était dans une impasse. Il poursuit même en déclarant que tout nous porte à croire que le moral et l'auto-compréhension du socialisme sont supérieurs à ceux du capitalisme, et que les doutes qui planent sur son avenir finiront par s'avérer aussi peu avisés que ceux de Smith concernant les compagnies par actions[42].

II

Le lieu n'est pas bien choisi pour se lancer dans une critique détaillée des remarquables tentatives entreprises dans le but de prédire les tendances immanentes du régime capitaliste[43]. Par contre, on ne saurait trouver meilleur endroit pour se demander comment on a pu en arriver à envisager les perspectives futures en ayant recours à des interprétations qui manquent autant de cohérence mutuelle et ont été aussi souvent infirmées au fil de l'histoire.

---

42. J. SCHUMPETER, p. 273 et suivantes.

43. Pour une analyse détaillée, voir Robert HEILBRONER, «Analysis and Vision in the History of Modern Economic Thought», dans *Journal of Economic Literature*, septembre 1990, p. 1097-1114.

Il y a, selon moi, deux réponses à cette question — ou peut-être devrais-je dire deux leçons à tirer de ces perspectives. La première est celle-ci: aussi diverses que soient leurs analyses, leurs visions et leurs conclusions, toutes voient dans le capitalisme une organisation sociale dont on peut prévoir la tendance historique générale. Cette perception commune démontre bien les caractéristiques remarquables d'une société entraînée par une besoin universel de thésaurisation, qui ne se heurte qu'à la concurrence entre tous et chacun.

Des auteurs ont décrit dans d'innombrables manuels le résultat de cette configuration sociale unique en son genre. Tous ont présenté «l'économie» comme un mélange complexe d'organisation et de désordre, de tendances au rétablissement et à la rupture de l'équilibre, de pulsions expansives et de contractions restrictives. À ce point de vue, le fait que leurs «prédictions» se contredisent devient secondaire par rapport à leur unanimité quant à la possibilité de soumettre une société à ce genre d'investigation — peut-être même devrais-je dire à l'impossibilité de ne pas le faire. Aucune autre organisation sociale — que ce soient les communautés primitives, les royaumes, les empires ou les sociétés qui se sont donné le nom de socialistes — ne présente des caractéristiques aussi systémiques. Un genre de trajectoire historique contrôlée, voilà la marque propre du capitalisme au cours de l'histoire.

Ces trajectoires sont mises au jour et étudiées dans les scénarios en combinant analyse et vision, et cette interaction est suffisamment importante pour qu'on la rappelle à nouveau. Si les scénarios débouchent sur des conclusions différentes, c'est en partie parce que leurs interprétations analytiques se basent sur des observations réelles différentes ou sur des perceptions différentes des mêmes terrains. Comme nous l'avons vu, ils débouchent sur des résultats extrêmement différents: l'économie du type «tas de sable» de Smith et la «charpente» vulnérable de Marx, l'équilibre du chômage de Keynes et la destruction créatrice sans fin de Schumpeter. Il existe une autre raison à ces divergences entre les scénarios: aussi logique et systématique qu'elle soit, l'analyse doit reposer sur des fondements préanalytiques. Si les drames sociaux déclenchés évoluent suivant des voies aussi systémiques les unes que les autres, mais différentes, c'est que les rôles joués par les acteurs ont été écrits différemment: il suffit de comparer les «maîtres» de Smith, presque tous d'origine modeste à l'élite entrepreneuriale de Schumpeter, ou les travailleurs politiquement inertes de Keynes, au prolétariat rétif de Marx.

Ce genre d'idées préconçues influence tous les jugements sociaux. Ce sont elles qui donnent de la vie aux éléments de prédiction inhérents aux scénarios. Ce sont elles aussi qui justifient le fait que chaque scénario contient des éléments autobiographiques, avec leur cargaison d'élé-

ments subjectifs connus ou inconnus. Inévitablement, ces
scénarios sont donc conservateurs ou libéraux, réactionnai-
res ou radicaux, parce qu'ils regorgent d'espoirs et de
craintes, autant que d'interactions objectives et intrin-
sèquement cohérentes d'éléments. Les scénarios représentent donc davantage que des prédictions. Ce sont les réponses que nous donnons aux questions qui, à l'encontre
des interrogations reliées aux prédictions, ne peuvent res-
ter sans réponse. La question qu'il faut se poser est la suivante: et l'avenir? Nous pouvons accepter de nombreuses
réponses à cette question, notamment des réponses tragi-
ques, mais il en est une qui serait insupportable: le silence.
Les scénarios viennent remplir ce vide. Un jour, Keynes a
écrit à propos de l'avenir que «nous sommes purement et
simplement dans l'ignorance», mais son scénario signifie
que nous pouvons avoir confiance[44].

III

La deuxième question qu'il faut se poser sur ces scénarios, ou la deuxième leçon à en tirer, concerne les raisons
expliquant que tous ou presque retiennent l'aspect auto-

---

44.   John Maynard KEYNES, «The General Theory of Capital»,
dans *Quarterly Journal of Economics*,   février 1937, p. 209.

destructeur du capitalisme. Quand il n'existe pas de réponse, il est impossible d'en trouver une qui soit simple — et nous avons vu combien les raisons qui sous-tendent les résultats obtenus par nos quatre observateurs peuvent différer les unes des autres. Permettez-moi alors de reformuler ma question: pourquoi aucun de nos philosophes, pas même Smith ou Schumpeter qui en sont pourtant des partisans convaincus, ne prédit pour le capitalisme de nombreuses années d'existence sans problèmes? Pourquoi est-il impossible de trouver une seule sommité dans l'histoire des sciences économiques qui prévoie ce genre d'avenir au capitalisme? En conclusion de son étude marquée par l'inquiétude et par une grande compassion, le grand économiste victorien Alfred Marshall exprime l'espoir que cette «chevalerie économique» remporte la bataille et il met ses lecteurs en garde contre les changements «mal envisagés» qui risquent de faire plus de tort que de bien. Friedrich Hayeck, qui estime le capitalisme nécessaire pour empêcher la misère collective et la mort, n'en voit pas moins le chameau socialiste venir fourrer son mufle sous la tente capitaliste[45]. Le régime capitaliste compte de nombreux

---

45. Alfred MARSHALL, *Principes d'économie politique*, tome II, Paris, V. Giard et E. Brière, 1909 (traduit de l'anglais par F. Sauvaire-Jourdan et F. Savinien-Bouyssy), p. 572-576; Friedrich HAYEK, *The Fatal Conceit*, Chicago, University of Chicago Press, 1988, p. 27.

fanatiques et cette situation risque fort de se perpétuer, mais je ne connais aucun fanatique sérieux qui s'attende à le voir triompher en tablant sur la simple puissance irrésistible de son propre rendement.

Je crois pouvoir donner une raison évidente de leur appréhension collective et une autre un peu plus hypothétique. La raison évidente est tout simplement la difficulté à maintenir avec succès une macro-organisation et une micro-organisation capitalistes. Quant à la raison la plus incertaine, elle réside dans les doutes agaçants qui planent sur sa validité politique et morale.

Comme nous l'avons vu, le premier de ces problèmes est loin de faire l'unanimité. Un simple survol de l'histoire de la pensée économique, y compris les nombreux scénarios que nous n'avons pas eu le temps d'étudier, nous permet de constater que la difficulté majeure que pose le maintien d'un régime économique peut revêtir plusieurs aspects — le manque de précision quant aux perspectives des investissements et de la technologie; le déséquilibre dans la répartition des revenus; la volatilité du crédit; la tendance au monopole; la surréglementation; les mouvements de main-d'œuvre dus à la technologie et l'élan technologique vers la cartellisation; les tendances inflationnistes d'une économie en croissance et celles déflationnistes, d'une économie en récession; enfin, l'hésitation entre l'optimisme et le pessimisme.

On pourrait facilement allonger cette liste, mais à quoi cela servirait-il? L'élément commun dans tout cela est l'instabilité inhérente à un système économique dont la répartition des énergies produites est inégale et le mécanisme auto-régulateur lui-même volatil. À la lumière de ces risques de disparité, de visées trop longues et trop courtes, d'aberrations auto-alimentées, de purs accidents et, bien sûr, d'agitation politique, seule la foi d'un vrai croyant permettrait d'envisager une croissance sans heurt et une subsistance sans la moindre retouche. Au bout du compte, si le caractère unique du capitalisme dans l'histoire tient à sa capacité à se renouveler perpétuellement, c'est aussi ce dynamisme qui en constitue le principal ennemi.

Il ne servirait à rien de discuter de la justesse de cette perception — à savoir si les changements donneront lieu, oui ou non, à des auto-corrections. Il demeure un point incontestable: la perception, pareille à un fil d'Ariane, qui se retrouve dans l'immense majorité des scénarios, en dépit de toutes les différences d'accent et de point de vue qu'ils peuvent présenter, à l'effet que, tôt ou tard, le système débouchera sur des problèmes insolubles et qu'il devra laisser la place à son successeur.

Je reviendrai sur cette conclusion essentielle, mais il me faut d'abord avancer une explication plus contestée à cette appréhension commune. C'est le sentiment d'inquiétude très répandu face au fondement moral du capitalisme.

Une fois de plus, nous découvrons avec surprise qu'Adam Smith avait mis le doigt sur le problème sous-jacent. À propos de la détermination du taux des salaires, il écrit ce qui suit:

> C'est par la convention, qui se fait habituellement entre ces deux personnes, dont l'intérêt n'est nullement le même, que se détermine le taux commun des salaires. Les ouvriers désirent gagner le plus possible; les maîtres donner le moins qu'ils peuvent [...] Il n'est pas difficile de prévoir lequel des deux partis, dans toutes les circonstances ordinaires, doit avoir l'avantage dans le débat [...]. Dans toutes ces luttes, les maîtres sont en état de tenir ferme plus longtemps [...] Beaucoup d'ouvriers ne pourraient pas subsister sans travail une semaine, très peu un mois et à peine un seul une année entière. À la longue, il se peut que le maître ait autant besoin de l'ouvrier que celui-ci a besoin du maître; mais le besoin du maître n'est pas si pressant[46].

Inutile d'ajouter que tout cela se déroulait avant l'instauration de l'assurance-chômage, la création des syndicats et l'avènement de l'État-providence, éléments qui

---

46. A. SMITH, *Richesse des nations*, tome I, chapitre 8. L'auteur du présent ouvrage a considérablement condensé le texte original.

ont tous contribué à rétablir l'équilibre entre la main-d'œuvre et le capital dans les pays industrialisés. Pourtant, Smith a mis le doigt sur un point essentiel. Dans une économie de marché où employeurs et ouvriers jouissaient d'un partage parfaitement équitable du pouvoir de négociation, ni les uns ni les autres ne pouvaient profiter systématiquement d'une position privilégiée. Dans ce genre de société, il est difficile d'imaginer quelles raisons pourraient pousser certaines personnes à travailler pour d'autres, dans la mesure où l'équilibre des pouvoirs de négociation suppose que tous partiraient avec des quantités de ressources égales. Mais, même en supposant que certains décideraient librement de devenir ouvriers, pourquoi leurs employeurs laisseraient-ils un excédent de revenus — du bénéfice — par rapport à ce qu'ils devraient verser comme salaires? Pourquoi les employeurs ne recevraient-ils pas, eux aussi, un salaire, peut-être légèrement supérieur à celui des gens qui travaillent avec eux — et certainement pas *pour* eux — ou encore, pourquoi les profits éventuels ne seraient-ils pas divisés de manière équitable entre tous?

C'est Marx qui place cette question en plein centre de son étude du capitalisme. Je ne reprendrai pas son explication de la façon dont la négociation employeur-ouvrier tourne à l'avantage de l'employeur. En ce qui nous concerne, l'intérêt de cette démonstration de Marx réside dans son explication de la manière dont le système fait paraître cette relation manifestement inégale comme parfaitement compatible avec le concept d'un système qui évite la contrainte. Dans une application cruciale des fausses perceptions imposées par la «commodification», Marx explique par quel artifice l'exploitation de la main-d'œuvre est rendue invisible dans un marché libre, ses règles de «libre contrat» dissimulant la distinction établie par Smith entre ceux qui peuvent attendre et ceux qui ne le peuvent pas.

Est-il nécessaire d'ajouter que Smith n'a pas soulevé la question de l'exploitation comme telle, bien qu'il conçoive les profits comme une «déduction» sur les salaires[47]. Pour Smith, comme pour la plupart des économistes qui lui ont succédé, l'épanouissement des libertés qui a suivi la fin des relations féodales a nettement compensé ces différences dans les bénéfices retirés. Cependant, la question qu'il aborde a soulevé l'ire des économistes. Des milliers de pages, dont quelques-unes sont dues à Schumpeter, ont servi à tenter de démontrer que les ouvriers ne seraient pas exploités dans un régime «parfait» dans lequel tous les agents de production recevraient la pleine valeur de leur contribution respective à la production. Dans tous les cas, la réponse est identique: le terme «profits» ne sert qu'à désigner

---

47.   A. SMITH, *Richesse des nations,*   tome I, chapitre 4.

les bénéfices tirés des capitaux — c'est-à-dire la rémunération versée en fonction de la contribution du capital à la
production, exactement comme le paiement appelé salaire
qui est versé pour une contribution semblable sous forme
de travail. La question qui se pose alors est de connaître la
nature des bénéfices qui reviendraient aux pioches et aux
bêches dont on se sert pour travailler. Comme elles n'ont
pas de compte en banque, on pourrait s'attendre à ce que
leur salaire soit versé aux agents de production qui les ont
fabriquées. Pourtant, non, les profits du capital ne sont pas
versés à ceux qui s'en servent, pas plus qu'à ceux qui les
ont fabriquées, mais à ceux qui les possèdent.

Cela pose un grave problème à ceux qui souhaite-
raient justifier le fondement moral de la répartition des
revenus dans un système capitaliste. On pourrait prétendre
que les inégalités inhérentes à la propriété privée des
moyens de production se justifient par la nécessité de
maintenir l'ordre social. Il s'agit là, en réalité, de la position
que défendait Adam Smith: «La paix sociale revêt même
davantage d'importance que le soulagement de la misère
[...] Dans sa sagesse, la Nature a estimé que la distinction
des classes, l'organisation gage de paix sociale, reposerait
sur des fondements plus sûrs si elle se fondait sur la différence, simple et palpable, de naissance et de fortune, que
sur celle, invisible et souvent incertaine, de la sagesse et de

la vertu[48]», écrivait-il dans *La théorie des sentiments moraux*.

Ce consentement explicite devant les «réalités» de la condition humaine ne constitue cependant pas une explication à laquelle la plupart des économistes aiment avoir recours[49]. En général, on évite donc le problème moral de la propriété, comme Keynes le fait, ou on démontre qu'il faut l'écarter, à l'instar de Schumpeter. Permettez-moi dès lors d'avancer une hypothèse hérétique: le consensus pessimiste sur les perspectives à long terme du capitalisme témoigne d'appréhensions morales parmi ceux qui, par profession, s'efforcent de justifier l'ordre social dans lequel ils vivent. Si la mauvaise conscience n'est pas leur seule raison d'envisager un avenir difficile pour le capitalisme, je soupçonne qu'elle l'étaie puissamment.

---

48.   A. SMITH, *Moral Sentiments*, 4ᵉ partie, section 2, chapitre 1. (Traduction libre)

49.   Notons l'exception de John Stuart MILL, qui écrit: «Les esprits peu raffinés ont besoin de stimuli peu raffinés. Donnons-les-leur.» *The Collected Works of John Stuart Mill*, vol. 2. Toronto, University of Toronto Press, 1981 p. 209. (Traduction libre)

IV

Il est temps d'en venir aux possibilités qui s'offrent au capitalisme en vue du XXIe siècle. Comme je l'ai déjà dit, je n'ai pas la prétention d'écrire un scénario complet comprenant mon propre modèle analytique et mes visions préanalytiques. J'estime malgré tout possible de tirer profit de la perception du capitalisme que j'ai tâché de présenter dans cet ouvrage — sa structure propre et son éventail d'aspects problématiques bien connus — pour voir ce qui est possible et ce qui ne l'est pas.

Je débuterai par les problèmes causés par le désordre au sein du régime capitaliste: ces problèmes sont trop nombreux pour les énumérer, et trop complexes au point de départ pour les analyser successivement. Qu'il suffise de souligner un point absolument essentiel: ces problèmes résultent du fonctionnement du système. Certains sont provoqués par les difficultés inhérentes au besoin de capital, d'autres, par les particularités du mécanisme de marché lui-même, d'autres encore, par l'interdépendance des deux domaines du capitalisme. Quand nous parlons du capitalisme du XXIe siècle, ce sont ces questions que nous devons aborder — et non les problèmes de guerre, d'hystérie collective, de changements technologiques mettant la vie en danger, d'explosion démographique dans les pays sous-développés et autres scénarios apocalyptiques. Peut-être s'agira-t-il là des défis fatals du prochain siècle, mais ce ne sont pas des problèmes «capitalistes» comme tels, puisqu'on peut croire qu'ils pourraient survenir dans un monde où les socialismes de type soviétique seraient devenus le régime dominant.

Que peut-on dire des problèmes qui sont, à n'en point douter, particuliers au capitalisme? Il n'existe qu'une seule réponse à cette question: il faut les aborder par l'affirmation d'une volonté politique. Quelle qu'en soit la nature — et il existe de nombreuses façons d'aborder la question — il faut contenir, redresser ou réorienter la regrettable dynamique de la sphère économique à l'aide du seul organisme capable de proposer une force antagoniste à celle de la sphère économique, c'est-à-dire le gouvernement.

On peut esquisser à grand traits les modalités selon lesquelles le gouvernement pourrait arriver à exercer cette fonction. Il est possible de compenser les carences chroniques d'expansion du système en ajoutant à la demande du secteur privé celle du secteur public, c'est-à-dire en se servant du gouvernement comme investisseur autant que comme consommateur. Il est possible de résister aux pressions inflationnistes qui font rapidement surface dans une économie de marché dont on a perdu le contrôle, en mettant en œuvre des ententes comme celles que l'on retrouve en Allemagne et, sous une forme différente, au Japon, où les ouvriers, les patrons et le gouvernement conjuguent leurs efforts pour élaborer des mécanismes de contrôle des niveaux de salaires et de prix qui soient avantageux pour tous. Les impôts et les subsides peuvent adoucir les effets de l'économie de marché qui entraînent des désordres économiques, notamment un déséquilibre inacceptable dans la répartition des revenus. Les taxes et les subsides peuvent également décourager la production qui comporte des effets secondaires indésirables, et les subsides peuvent encourager les secteurs auxquels le marché n'assure pas une promotion suffisante, notamment l'éducation. Les réglementations des gouvernements peuvent instaurer une limite à l'exercice démesuré du pouvoir par le travail ou le capital. Dans une certaine mesure, le gouvernement peut servir de tampon ou de barrière entre l'économie et les forces du capital international. Les organismes gouvernementaux peuvent jouer un rôle de gardien des intérêts écologiques. Enfin, le gouvernement peut redresser, ou à tout le moins réduire, les effets secondaires liés à la «commodification» de la production.

Il me suffit d'esquisser ces mesures pour déjà entendre un tollé de protestations. Quelques voix s'élèveront pour défendre la conviction que le gouvernement est en fait lui-même l'ennemi du capitalisme — une opinion qu'Adam Smith n'aurait certainement pas endossée. D'autres présenteront les objections d'agents économiques dont on voudrait restreindre les activités. D'autres encore exprimeront des craintes moins fortes. Un exercice excessif du pouvoir gouvernemental risque de mener progressivement à de l'autoritarisme. Souvent, les interventions gouvernementales sur les marchés ne donnent aucun résultat, parfois elles sont même contre-productives. En un mot, le gouvernement fait partie du problème, non de la solution.

Il faut résister à l'envie d'accueillir ces protestations par un haussement d'épaules. Ensemble, elles sont l'expression de préoccupations profondes face au problème du pouvoir excessif du gouvernement. Ces préoccupations proviennent de la perception très répandue selon laquelle le secteur public a nettement accru sa sphère d'influence au sein du capitalisme au détriment du secteur privé. Nous avons déjà souligné que les dépenses publiques comprises dans le produit national brut avaient triplé et même quadruplé. L'accroissement des pouvoirs de réglementation dont se sont dotés les gouvernements est un phénomène reconnu partout dans le monde. On ne saurait donc s'étonner de voir la moindre proposition d'étendre la sphère d'influence du secteur public susciter de la suspicion, pour ne pas dire de l'hostilité.

Il existe cependant une autre façon d'envisager cette question: en laissant entendre que le fait saillant de deux siècles d'histoire capitaliste est l'extraordinaire accroissement de la taille et de la force du secteur privé — ses flots de production, ses armées de travailleurs, ses monceaux d'équipements et les prodiges de sa technologie. De ce point de vue, il est facile de constater que c'est le capital qui s'est accru sous le régime capitaliste, et que le gouvernement est demeuré dans son sillage.

De ce même point de vue, la croissance des fonctions de réglementation et de bien-être du gouvernement prend un aspect différent. Aujourd'hui, la sécurité sociale, l'assurance-chômage, la politique fiscale et monétaire anticyclique, un niveau élevé d'intervention régulatrice — en bref, les principaux domaines qui ont été ajoutés au secteur public — nous apparaissent moins comme des prolongements indépendants de sa sphère d'influence que comme une réplique à la capacité organisationnelle néfaste et croissante du secteur privé. Il me faut ajouter que ces prolongements n'ont pas non plus provoqué une diminution — bien au contraire, je parlerais plutôt d'augmentation — de la liberté politico-sociale dans le monde occidental.

Il existe une deuxième raison à ces protestations. Étant donné les problèmes gouvernementaux que les contestataires soulèvent, si l'on accepte que ces problèmes sont intrinsèques aux grands gouvernements et si l'on admet que les politiques gouvernementales ont souvent des ratés et provoquent des retours de flammes, quels autres moyens est-il possible d'envisager? Si les grands scénarios nous apprennent quelque chose, c'est bien que les problèmes qui menacent le capitalisme proviennent du secteur privé, non du secteur public. Ce sont la saturation de la demande et la dégradation de la main-d'œuvre qui constituent les grands défis dans la conception de Smith; les crises et les contradictions du modèle marxiste; l'incapacité à atteindre le plein-emploi, que Keynes considérait comme la principale lacune du système; l'érosion culturelle dont fait état le scénario de Schumpeter — tous ces échecs peuvent être reliés aux rouages d'une économie capitaliste et non à une quelconque interférence entre la politique et ces rouages. Quelles solutions, quels remèdes peut-on apporter à des problèmes causés par le secteur privé, sinon ceux et celles qui proviennent du secteur public?

Si l'on accepte cette conclusion, même temporairement, il s'ensuit une autre généralisation: la capacité à résoudre les problèmes du capitalisme variera selon les aptitudes politiques dont les différents capitalismes feront preuve. Si les problèmes et les caractéristiques fondamentales du capitalisme sont les mêmes partout, on ne peut dire la même chose de sa capacité d'adaptation. Le capitalisme japonais, comme le capitalisme italien, est axé sur l'accumulation de capital; il est à la fois coordonné et déstabilisé par les forces du marché; et il est subdivisé en deux secteurs; mais ces deux capitalismes diffèrent par l'efficacité du contrôle qu'ils exercent sur la performance de leurs économies, par la façon dont ils jouent leur rôle d'agent de concertation et de tampon. Partout, la culture nationale marque de son sceau la structure profonde de la vie économique et politique. Je voudrais maintenant reprendre un exemple cité par le sociologue Seymour Martin Lipset, qui compare deux pays, pareils à bien des égards, mais dont les caractéristiques nationales ont été modelées de façons remarquablement différentes par un défi commun. Ces deux pays sont le Canada et les États-Unis, leur défi commun étant de coloniser leurs grands espaces tout en assurant leur protection. À partir de cette expérience, deux figures différentes ont émergé en tant qu'héros national dans chaque pays: au Canada, la Police montée, et aux États-Unis, le cow-boy. Il est difficile de s'attendre à ce que deux pays qui se sont choisis de tels héros bâtissent de façon semblable la relation entre leurs deux domaines.

Je pense donc que les perspectives que laissent entrevoir les capitalismes — remarquez le pluriel — du XXIe siècle dépendront en premier lieu de la façon dont les différents capitalismes nationaux parviendront à amener les forces gouvernementales à traiter avec les forces économiques. On doit donc s'attendre à voir émerger un éventail de capitalismes, mesurés selon des indicateurs absolument vi-

---

50. Seymour Martin LIPSET, *The First New Nation: The United States in Historical and Comparative Perspective*, New York, Basic Books, 1963 p. 251.

taux, ceux de la satisfaction aux plans social et politique, et pas nécessairement selon les indicateurs de rendement économique. Cela est dû au fait que, dans la lutte concurrentielle pour la survie, le rendement économique devient un moyen et non une fin en soi. Cela a toujours été le cas dans les sociétés non capitalistes et je suis persuadé que cela s'appliquera de plus en plus au capitalisme lui-même.

Si je voulais me hasarder à décrire les types de capitalismes les plus susceptibles de réussir, je désignerais ceux qui se caractérisent par un degré élevé de pragmatisme politique, un faible indice de ferveur idéologique, un service civil arrivé à maturité et une tradition de cohésion publique. J'ajouterais que, pour connaître le succès, tous les capitalismes devront trouver des façons de garantir aux travailleurs la sécurité d'emploi et de revenu, aux patrons le droit de restructurer les tâches dans un souci d'efficacité, et au gouvernement son rôle légitime de coordinateur de la croissance nationale. Bien que chaque pays devra trouver pour lui-même les structures institutionnelles qui lui permettront d'atteindre cet objectif, il ne fait aucun doute que certains capitalismes, comme les États européens du XVIIe siècle dotés de la meilleure capacité d'adaptation, pourront subsister, s'adapter et même demeurer florissants pendant longtemps. Comme au XVIIe siècle également, certains n'y parviendront très vraisemblablement pas.

Généralement, plus le résultat s'inscrit dans une perspective à long terme, moins il est «prévisible». Il est certain que deux problèmes dus au capitalisme lui-même viendront en perturber l'univers. Mentionnons tout d'abord le rapprochement des limites écologiques, particulièrement celles qui s'appliquent au réchauffement de la planète et à l'amincissement de la couche d'ozone. De ces limites découle la nécessité de plus en plus grande de restreindre la croissance industrielle, avec l'exacerbation des frictions que cela implique entre les parties du monde les plus avancées et celles qui se retrouvent aux derniers rangs concernant les modalités d'imposition de cette restriction. Le deuxième problème est la tendance à l'internationalisation des capitaux qui ne cesse de déborder les mécanismes de défense des différents gouvernements. Les capitaux eux-mêmes empiètent donc sur l'indépendance politique des nations d'une façon qui expose le centre aux forces mêmes qui ont soulevé tant de désarroi politique en périphérie.

Une fois de plus, il se peut que certains capitalismes très souples composent mieux avec ces problèmes que d'autres, mais la question est malgré tout plus grave que cela. Dans la mesure où il existe des lacunes sur le plan transnational, il faut avoir recours à des contrepoids politiques à cette échelle, et il n'en existe actuellement aucun. Dans la mesure également où ces difficultés affectent un ou plusieurs des éléments de base du capitalisme lui-même — sa capacité à poursuivre l'accumulation du capital, la viabilité de ses deux domaines de pouvoir et sa confiance en un moyen de coordination relié au marché — elles mettent à l'épreuve la viabilité historique du régime capitaliste lui-même. Je ne pense pas qu'il soit possible d'appliquer aux conséquences de ces problèmes quelque mode d'analyse que ce soit, si bien que seules les visions pourront éclairer nos scénarios.

V

J'ai gardé pour la fin la question que doivent se poser tous ceux qui s'intéressent à ce genre d'interrogations quant au long terme: et l'après-capitalisme, s'il en est un?

Jusqu'à ce que débute l'expérience soviétique, beaucoup pensaient que le changement décisif résiderait dans un abandon du système de marché, avec tous ses maux et ses défauts, au profit d'un système de planification qui guiderait l'activité économique en douceur, avec intelligence et compassion vers la satisfaction des besoins de la société. Cet espoir s'est évanoui au moment de l'effondrement de l'empire soviétique. Quoi qu'il en soit, je ne voudrais pas éliminer la possibilité d'un recours à la planification centrale dans le cadre d'un régime post-capitaliste. Il faut s'attendre à ce que les nations extrêmement appauvries qui ont besoin de transformations fondamentales pour assurer leur simple survie se laissent attirer par une forme ou l'autre de «socialisme militaire». Il se peut également que la planification, en adoptant un modèle un peu moins draconien peut-être, puisse être utile à quelques pays industrialisés au moins, si la menace écologique ou les forces du monde capitaliste nécessitent des mesures extraordinaires de réorganisation ou d'auto-protection. On espère que ce type de planification centrale n'entraînera pas une centralisation politique moins souhaitable, et la réponse à cette question dépendra sûrement de la dimension que conservera le domaine privé.

Et les socialismes moins radicaux — le «socialisme de marché» notamment, qu'on a tellement essayé de vendre au cours des dernières années? Les perspectives ne sont pas aussi prometteuses qu'on le pensait autrefois. Comme les événements qui ont suivi l'effondrement russe permettent de le constater, il n'est pas facile de créer un marché sans infrastructure capitaliste. Dans les pays qui, comme la Suède, ont voulu s'engager à fond dans la voie du capitalisme socialisant, les conflits entre les exigences du capitalisme, principalement le besoin d'accumuler du capital, et l'atteinte des objectifs socialistes d'égalité, ont graduellement mené à une impasse. La Suède demeure un bon exemple de capitalisme à visage humain qui, de bien des façons, semble en bonne position pour subsister et s'adapter dans un proche avenir. Pourtant, son élan a ralenti et on voit très mal comment elle peut aller plus loin que sa situation plus ou moins heureuse actuelle. La Suède — et, par extension, les socialismes de marché en général — semble avoir atteint une limite qu'il est non seulement difficile de franchir mais au-delà de laquelle il est même difficile de voir.

Existe-t-il une voie au delà de l'expérience suédoise? On a récemment fait état d'une possibilité fascinante. Il s'agirait d'une société dont le mode de coopération n'est fondé ni sur les coutumes et les traditions, ni sur la centralisation du pouvoir, ni sur la subordination aux pressions du marché et à ses motivations. Son principe intégrateur serait la *participation* — l'engagement de tous les citoyens dans la détermination mutuelle de chacune des phases de leur existence économique par la discussion et le vote. Ce principe s'appliquerait à la détermination des tâches que chacun remplit, aux biens et services produits dans l'entreprise dans laquelle chacun travaille, à la part à laquelle chacun a droit dans le flux commun de marchandises. Avec la participation, on envisage donc un monde dans lequel des prises de décisions largement partagées et atteintes par la discussion et le vote prendraient la place des décisions prises sur la seule base de l'intérêt personnel de chacun, ou par des personnes privilégiées par leur richesse ou leur situation et en mesure de prendre unilatéralement des orientations. Cela suppose que l'égalité socio-économique a remplacé l'inégalité socio-économique comme norme largement acceptée de la société, parce que l'égalité semble plus appropriée pour permettre aux individus de mener la vie la plus intéressante possible.

Cette forme d'organisation sociale peut-elle fonctionner? Pour nous qui sommes socialisés à un mode de vie tout à fait différent, cela semble absolument naïf, utopique et contraire à la nature humaine. Pourtant, aux yeux de la plupart des êtres humains qui sont passés sur cette terre, je pense que notre propre style de vie semblerait aussi artificiel, sinon plus — permettez-moi de rappeler la consternation qui s'est exprimée sur les visages des anciens du village quand nous avons tenté de leur expliquer le fonctionnement d'un système de marché. Bien sûr, une société basée sur la participation poserait des problèmes d'organisation. Son bon fonctionnement exigerait une sorte de mécanisme de coordination semblable au système de marché. Comme toute autre société, elle devrait produire une somme régulière de travail pour s'assurer que les tâches routinières et peu agréables soient accomplies. Elle devrait empêcher les individus de poursuivre des objectifs antisociaux dans leurs activités économiques. Les pressions ordinaires du conformisme social suffiraient à résoudre certains problèmes. D'autres problèmes nécessiteraient de nouvelles technologies, de nouvelles institutions et, avant tout, une nouvelle conception du mode d'intégration de la dimension économique dans l'ensemble de la vie politico-sociale. Je n'ai fait qu'esquisser les grands traits d'une économie participative de ce genre. Mais c'est suffisant, il me semble, pour démontrer qu'on peut envisager, pour l'avenir, un mode de fonctionnement véritablement nouveau, techniquement viable et moralement contraignant[51].

S'agit-il de ma propre perception de l'orientation qui prévaudra au cours du XXIe siècle? Non, la transition est trop difficile à réaliser, la réorganisation trop complexe et, surtout, l'opposition trop forte pour qu'un changement aussi révolutionnaire survienne dans une si courte période, historiquement parlant. L'économie participative ne s'imposera pas comme organisation sociale au XXIe siècle, quoi qu'il advienne, et j'inclus dans cela les catastrophes.

Quoi qu'il en soit, les idées ont leur existence propre. Il n'est pas impossible qu'au cours du prochain siècle, au moins les objectifs et la conception sociale générale d'un régime post-capitaliste de ce type fassent leur chemin dans nos consciences. J'aurais tendance à croire que les idées et

---

51. Je tire cette description de Michael ALBERT et Robin HAHNEL, *Looking Forward: Participatory Economics for the Twenty-First Century*, Boston, South End Press, 1991. Il existe un autre livre, proche du premier et destiné aux économistes sceptiques: *The Political Economy of Participatory Economics*, Princeton, N.J., Princeton University Press, 1991.

les idéaux d'une société participative nous seront fort utiles lorsque nous ferons face à d'énormes problèmes pour faire durer le capitalisme aussi longtemps que possible dans des conditions raisonnablement bonnes. Tout au long de ces années, qui devraient nous apporter tensions et échecs beaucoup plus que solutions et succès, nous trouverons quelque réconfort dans la possibilité d'envisager une autre destination sociale.

TABLE

Achevé d'imprimer en octobre 1993
sur les presses des
Ateliers Graphiques Marc Veilleux
à Cap-Saint-Ignace.